领导原力

如何激发你的领导潜能

周巍嬿 著

北京联合出版公司
Beijing United Publishing Co.,Ltd.

图书在版编目（CIP）数据

领导原力 / 周巍嬺著. —— 北京：北京联合出版公
司，2021.6
　　ISBN 978-7-5596-4758-0

Ⅰ.①领… Ⅱ.①周… Ⅲ.①领导学 Ⅳ.①C933

中国版本图书馆CIP数据核字（2020）第243230号

领导原力

作　　者：周巍嬺
出 品 人：赵红仕
出版监制：刘　凯　马春华
选题策划：布克加BOOK+
策划编辑：叶　赞　余燕龙　李俊佩　王留全
责任编辑：云　逸
封面设计：王喜华
内文排版：薛丹阳

北京联合出版公司出版
（北京市西城区德外大街83号楼9层　100088）
北京联合天畅文化传播公司发行
三河市宏达印刷有限公司印刷　新华书店经销
字数179千字　880毫米×1230毫米　1/32　8.75印张
2021年6月第1版　2021年6月第1次印刷
ISBN 978-7-5596-4758-0
定价：68.00元

推荐序
愿原力与你同在

　　我是星战迷，从1978年星战电影《星球大战》（*Star Wars*）在中国首映以来，我一部也没错过，其中被称为"原力"（The force）的这种神秘力量最让我着迷。

"原力"是什么

　　在最早的《星球大战》三部曲中，"原力"是指有明确道德准则的对立的两股力量：光明原力和黑暗原力。前者是友好、仁爱、治疗等积极元素的体现；后者则代表恐惧、愤怒、憎恨、恶意等消极元素，更具有攻击性和侵略性。到了中后期的系列影片中，"原力"重新被诠释为"生命原力"，是生命的体现，而且几乎是在所有生命上都有体现。而被称作"对原力敏感者"（Force Sensitive）的一小部分生命，他们往往能够运用"原力"展现出巨大的力量，例如：看到未来、不需接触就能移动物体、身体能力强化、读心、操控别人、意念传送、治愈疾病、长寿，等等。

我觉得"原力"是存在的，就如中国人的"气"。练过气功的人或许无法预测未来，但至少可以强筋健骨。而对于"气"的阐述，古人有更深刻的说法，像是孟子说"我善养吾浩然之气"，文天祥说"天地有正气"，将"气"提升到一种人生使命和意义的境界，这与"生命原力"的概念是相通的。

光明原力和黑暗原力的二元对立，一向是戏剧制造冲突和高潮的好题材，在真实人生和企业组织中，是否也是如此呢？

周巍嬿教练邀我作序，因此有幸就她所提出的"领导原力"的论述先睹为快，书中以"原力"来诠释她对领导力发展研究的核心理念及方法论，也启发了我对"原力"的再思考和对领导力发展的再探索。

我和巍嬿教练是在2012年国际教练学院（ICA）一起学习时认识的。她很认真，也很勤奋，很快就获得了国际教练联合会（ICF）的PCC（专业级教练）认证，并成为一位专业的独立教练，她提出的"领导原力"论述很有创见。在此，我想用三部分来谈谈领导者与"原力"的关系，以及对领导力发展的思考：

愿原力与你同在

"领导原力"是什么？它和原力的关系是什么？本书对"领导原力"的定义是：领导原力是领导者与生俱来的独一无二的内在潜能。这和"生命原力"的内涵是一致的，但本书认为领导者是"对原力敏感者"，所以领导者首先要开发自己的"原力"。

书中另一个重要的理念是"每个人都可以成为最好的自己"，所谓可以成为最好的自己就是"突破自我局限，成就更好的自己"。而"原力"就是潜能的隐喻，每个人都有与生俱来的"原力"，只要愿意就能用"原力"成就最好的自己。

在"星战"系列影片中最经典的台词就是"愿原力与你同在"（May the Force be with you），后来成了星战迷的相互问候语。我想请大家想想，当你虔诚地说出这句话时，是不是也会感受到一股力量呢？这股力量一定是能够激励你向上的。这股力量就是相信每个人都会成为最好的自己。

从经营场域来看，这个场域的力量要发生共振，必然是正向的。领导者在任何一个时刻，都能感受到自己的原力，当团队所有成员或利益相关者散发出原力时，就会相互感应、相互影响，就像领导者坚定地希望世界美好，人类幸福，公司上下自然也会人人心念在此，套句孟子的名言："人皆可以为尧舜。"

所以，"愿原力与你同在"是一种突破自我的信念，也是领导者最重要的信念，相信你的下属，相信你的团队成员，相信你的伙伴，大家都可以成为最好的自己，你需要做的是帮助他，让他用自己最好的方式实现个人价值，这样的领导者就是具有"领导原力"的领导者。

原力觉醒

"原力"的概念可以进一步地延伸。用中国人的理念来说，就是以"道"名之。老子说："道生一，一生二，二生三，三生万物。"道是万物生发的源头，也是"生命原力"，以此为根本，又会衍生出形形色色的"原力"。

但中国人认为，"阳与阴"、"强与弱"、"善与恶"、"光明与黑暗"并非二元对立，而是相互交替，即使黑暗也可以有光明，光明中又隐含黑暗，太极图的呈现最为形象而深刻，阴中有阳，阳中有阴。

在每个人的内在中，"黑暗原力"的偏执、贪欲、恐惧、自私以及"光明原力"的同理、慈悲、仁爱、无私都是同时存在的，只要觉察、看见、反思，并在言行上修炼，就能得到最好的结果。

如何修炼

道家认为人本性具足，只要回归到初始状态，就能得道。老子说："常德不离，复归于婴儿；知其白，守其黑，为天下式。"意思是说：婴儿不受后天习染，常德俱足，我们要回归到婴儿状态。这和孟子说"大人者，不失其赤子之心者也"的意思相同。我们都知道光明的一面，却不去和别人争光明，而甘愿待在黑暗中，这么做，才能成为天下人的典范。

但儒家则提出"慎独"的修炼，说"君子不欺暗室"。当一个人独处的时候要戒慎小心，因为这时的念头如麻，有善的，有恶的，有正直的，也有偏执的，不要以为别人不知道就当作没有。只有觉察到内心的脆弱，接受它，才能真正表现出坚强的一面。所以"君子不欺暗室"，也可以解释为不要自欺欺人。

因此，领导者最重要的工作是唤醒最核心的"原力"，巍嬷教练用了一个可视化的四层结构来表示"领导原力"：

由外及里，最外层也就是第四层是**本能防御层**。这一层代表了我们想要成为的那个人的样子。领导者都希望自己在面对挑战时表现出自信、果敢、坚毅、勇猛……因为这些是社会对于领导者普遍的认知与要求。为了顺应这个要求，领导者必须时刻消耗能量，打造这个本能防御的盔甲，这也是我们维护安全感的需要。

第三层是**敏感脆弱层**。这一层代表了我们可能害怕成为的那个人。由于"安全感"和"自尊"而形成的这两层盔甲——本能防御层和敏感脆弱层——成了"自我保护"的外罩。一方面满足了我们的安全感和自尊的需要，另一方面也不断地消耗着我们的能量。随着时间的推移，如果没有得到内在能量的补充，很多人会感觉身心疲惫，有心无力。

第二层是**真实自我层**。这一层代表了最纯真与最美好的"我"，包含"我"所有的品质、优势、美好的人格特质和潜能。真我，如同初生婴儿一样，也是本性具足，但这一层被本能防御层和敏感脆弱层形成的茧包裹住，我们必须透过对话，跳脱限制性思维，去除情绪的干扰，才能看见。

最内层的核心是**领导原力**。领导原力在"真我"的内部，每个人都有，但被封存着。这股力量就像朝阳在地平线上升起时一样蓬勃热情；又像春天来临，植物的幼芽从土里、从枝干上冒出时一样展现出倔强的生命力。唤醒这股与生俱来的力量，就能展现出最好的自己。

英雄之旅

乔治·卢卡斯（George Walton Lucas Jr.）曾说"星战"的创作是受到20世纪神话学大师约瑟夫·坎贝尔（Joseph Campbell）的启发，这也是影片中"原力"一说的源头。坎贝尔研究世界各地的宗教与神话后得出一个结论：在万神殿的英雄们尽管有一千个面孔，但他们的英雄历程都是相同的，因此写下了《千面英雄》（*The Hero with a Thousand Faces*）这本书。书中，坎贝尔概括出了英雄之旅，即启程：放弃当前的处境，进入历险的领域；

启蒙：获得某种以象征性方式表达出来的领悟；

考验：陷入险境，与命运搏斗；

归来：最后再度回到正常生活的场域。

这是每一位英雄的必经之路，坎贝尔也将之抽离成为每个人追求最好自己的修炼之旅。这个历程和组织学习的两位大师奥托·夏莫（Otto Scharmer）、彼得·圣吉（Peter Senge）在 2004 年提出的 U 型修炼轨迹相似，后来夏莫出版了《U 型理论》，认为组织变革或组织学习是一个集体觉醒（Collective Awaking）的过程，这个过程是 U 型的，从感知、悬挂、转向到创造。而本书提出领导原力的觉醒也是 U 型轨迹——先下潜，再上扬。

周巍嬿教练帮助多位领导者实现了领导原力觉醒。觉醒的效果不仅是工作绩效的提升，还可实现个人价值，创造美满幸福的生活。更重要的是，当一个人的领导原力觉醒后，会终身受益，可以持续地支持他们美好的工作和生活。

她巧妙地运用"觉醒"（AWAKE）这五个英文字母来代表五个觉醒的步骤："觉醒是个过程，不是一蹴而就的，经过这五个步骤，领导原力才能从'封存'的状态慢慢打开，完成萌发、清晰、蓄势，直至全力出击。"

这五个步骤是——

第一步（Aware）：放下防御，发现盲区；

第二步（Withstand）：感知情绪，接纳脆弱；

第三步（Authenticity）：建构意义，展现本真；

第四步（Key step）：实现突破，体验成长；

第五步（Enhance）：沉浸心流，稳固成果。

她也用大量的笔触详细地讲解了每一个步骤——每个步骤再分为案例解析、问题厘清、对策解决三个层面叙述，并佐以多方练习设计。不论是自学还是教学，AWAKE 模型都有很强的实用性。

我从事领导力研究、教学和教练多年，深觉我们缺乏概念清晰、理论框架强，又有实际演练工具的书籍，《领导原力》正是这样的一本著作。魏嬿教练能将她宝贵的心得和经验写出来与大家分享，这份诚心我非常感动，故乐为之推荐。

无论你是谁——领导者、想要成为领导者，或是想要挑战自我、突破自我，愿原力与你同在！

陈生民

清华大学经管学院领导力研究中心研究员

国际教练联合会北京分会会长（2018-2020）

目　录

前　言

　　决定写这本书，是在春暖花开，但封闭在家的 2020 年 3 月。由于疫情的影响，社会生活的方方面面都在经历着前所未有的冲击。我身边的同事、朋友也都在这个被迫停滞的时间段里，奋力应对着环境带来的重重挑战。

　　作为一个企业教练，我看到更多的是企业中各个层级领导者的不易。一方面是业务停摆、订单骤减、复工缓慢等因素导致企业前路茫茫；另一方面是众多的员工需要心理安抚、企业需要有序复工、大家的信心需要领导者去提振。很多领导者背负了极大的压力，但是在员工面前，他们又必须沉着冷静，显得举重若轻。这段时间里，每次和领导者做教练会谈，时间都会比过往延长很多，因为大家太需要有人倾诉了。然而，受生产力的局限，哪怕我一天 24 小时都在工作，能支持的领导者还是有限的。这让我萌生了写这本书的第一个动因——

从教练的角度帮助领导者更好地适应和面对复杂多变的环境。

作为企业教练，我的目标一直是助力领导者的心智升级，从而协助他们成为更适应环境的卓越领导者。我相信，每个人都可以是领导者，只是领导的范围不同——有人只领导自己，有人领导团队，也有人领导组织。无论领导的半径多大，大家都期待能获得自我提升的路径和方法，成为更卓越的领导者。市面上各种领导力的书籍琳琅满目，知识付费 App 里各类领导力的课程也很丰富多彩。然而领导者遭遇的普遍挑战是——读了那么多书，听了那么多课，我们依然无法成为像杰克·韦尔奇、任正非那样的领导者。从企业教练的角度看，每个人都拥有无穷潜能。领导力的培养不仅是向各位领导者提出能力发展的方向，更要关注领导者内在心智的成长。因为能力发展的背后，不仅是行为的改变，还有着更为复杂的心智模式的影响。如果我们只在行为上做调整，很容易就会陷入行为"硬掰"的过程当中，出现"我知道但是我就是做不到"的情况。所以，帮助领导者看到阻碍自己能力发展的旧心智模式，并且转化成符合自身成长需要的新心智模式，一直是我研究和实践的方向。

所以，基于我这十多年来做领导力教练的心得，以及从电影《星球大战》中获得的灵感，我在这本书里提出了"领导原力"这个概念。本书里谈到的"领导者"，首先泛指那些在各类企业中不同层级的管理者；其次是每一个想通过领导自我，获得个人成长的"个人领导者"。我认为"领导原力"
是每个领导者的原生动能。但是在现实状况中，很多人的"领
导原力"是被封存的状态。帮助人们去觉醒他们的"领导原
力"，是促动我写本书的第二个动因。

教练不同于偏向心理问题疗愈的心理咨询，以及偏向知
识传授的培训。教练是集合了成人发展理论、心理学、管理
学、哲学诸多科学理论的专业实践。企业教练则是协助企业
中的领导者（目前以中高层领导者居多）和团队，发现旧有
的心智模式，通过转化心智，改变行为，实现未来的个人和
组织目标。教练的过程需要资金投入，但是目前还不是所有
的组织都能负担这笔支出。所以，我想让领导者能有一本实
用的工具书，学会一些自我教练的方法，从而在迈向卓越领
导者的路途上，能为自己保驾护航。基于超过1000小时的专
业实践，我原创了唤醒"领导原力"的"AWAKE"领导原
力模型。AWAKE的中文意思就是"觉醒"，指的是一个人不
断地把自我成长的重心，从自我保护转移到自我接纳，最终
达到自我成就的过程。这个英文单词的每一个字母都代表了
一个"觉醒"阶段的关键步骤。在模型的每一步，我都整理、
总结了一些可以在没有教练的协助下，自己用来做"自我教
练"的工具。各位领导者通过这些工具以及方法的练习，可
以一步步地觉醒自己的"领导原力"。这就是我写本书的第三
个动因。

　　以上三个动因总结成一句话就是：希望这本书能协助领导者找到自身发展的动力源泉和阻力卡点，通过切实可行的方法，不断升级心智，发展更适应环境的卓越领导力。

　　我给这本书的定位是：领导者自我成长的实用工具书。作为企业教练，我坚信很多时候真正的答案还是在我们自己的内心。我见到越来越多的领导者，被外部的压力不断裹胁，而忽视了内在的探索与改变。如何能够激发领导者的自驱力，展现出人人皆有的内在潜能，是我一直在思考的问题。我是幸运的，遇到了ICF（国际教练联合会）的教练体系和方法，最终找到了每个人都能学得会的自我发展内在逻辑。我在为不同的企业组织服务，给每一个客户带来成长和收益的同时，越发感知到内在的觉醒与潜能的激发，是时代发展的必然趋势！所以我希望通过扎实的理论依据和丰富的案例，特别是拆解一些实用工具，来实现这个定位。

　　在这个推崇"速食文化"的时代，我希望能尽量满足读者们的"即时获得感"。同时我也想诚挚地邀请各位领导者能在阅读的时候适当放慢一些速度，特别是在卡点分析和实用工具部分，更希望大家能在工作中有意识地实践这些工具。这样我们才能把单纯的读书变成自我成长的过程。相信你经过这样的过程，一定会获得不一样的读书体验。

　　书里分享的案例，是我在平时的企业教练实践中诸多案例的整合，其中的剧情、人名都为原创，如有雷同，纯属巧合。如果您在阅读时感觉熟悉而亲切，那我会非常喜悦。

作为企业教练，我日常的工作中最主要的工作方式就是和被教练者对话。写书也是一样。我把它看成是另外一种和各位读者对话的方式。同样，也许在阅读的过程中您也会常常进入和自己对话的过程，希望您能享受这个体验，也能感受到我的陪伴。

如果可以再贪心一些，我希望通过阅读这本书，能帮助您实现心智的升级。同时您也可以把实践过的、感觉有效的方法分享给更多的人，影响更多的人提升他们的心智，获得工作与生活的满足与幸福。

现在，您准备好和我一起展开一段对话、开启一段自我成长的旅程了吗？

第一章

———

领导原力

就像2005年美国经济学家托马斯·弗里德曼（Thomas L. Friedman）在《世界是平的：21世纪简史》一书中所说，世界改变的速度已与过去不同，每当人类文明经历一个颠覆性的技术革命，都会给这个世界带来深刻的变化。越来越多的领导者开始感受到环境变化的增速。无论是世界格局的重塑、商业环境的动荡还是技术创新的广泛应用……这些以往看似远离我们的变化，开始越发快速地对我们产生直接的影响——可能是客户的习惯，或者是组织的策略，也可能是个人的选择。变化无处不在、日新月异。

与此同时，这种持续涌来的变化，让领导者开始产生新的迷茫、纠结和焦虑：我们如何在这样不确定、复杂的世界里洞见未来，找到业务的突破方向？大家如何在管理好自己的前提下带领好团队，在难以预测的环境中取得良好的商业结果？这些问题让领导者挑战重重，压力与日俱增。

【本章阅读指南】

1.当环境变得复杂多变，未来无法预测时，领导者应该何去何从？

2.除了向外求答案，我们应该如何向内唤醒自己的潜能？

3.当发现自己的潜能后，我们如何成为自己心中的那个卓越领导者？

第一节　RUPT环境下领导者的挑战

2018年，被誉为领导力领域"黄金标准"的美国创新领导力中心（CCL）通过对复杂情况下领导力的分析与研究，提出了一个描述领导力环境的概念，这个概念很贴切地表达出了新时代的领导者需要面临的混乱与挑战——RUPT环境：急速（Rapid）、莫测（Unpredictable）、矛盾（Paradoxical）、纠缠（Tangled）。

急速是指环境变化的速度越来越快，就像风暴下的海浪，一波未平一波又起，一浪高过一浪，一浪快过一浪。急速的环境变化对组织以及领导者的稳定性提出了更高的挑战。

莫测是指我们越来越难心想事成，即使领导者分析得再充分、计划得再翔实，也总会有意外出现，挑战我们原有的假设，让我们不得不重新审视看待事物的角度甚至是原本的思维方式。变幻无常的市场环境下，只有思维敏锐和行动灵活的领导者才能更好地生存。

矛盾代表越来越多的问题无法有一个正确的答案，领导者必须学会与矛盾共处，既要考虑表面现象的缓解，又要考虑问题深层本质状况的改变。如果团队和组织要在短期和长期都做到高效，就必须纵观全局。例如，为了企业组织的长期发展，我们必须创新，但与此同时，又要处理眼前业务上的挑战。以往我们可能很容易将精力放在其中一项，而忽略另外一项。但现在的领导者则必须要考虑组织的长、短期发展，权衡利益相关者的多方诉求。

纠缠意味着事物与事物之间的联系变得错综复杂，看似割裂的表象之下，彼此有着千丝万缕的联系。领导者面对的团队、组织以及市场和产品，越来越像一个复杂生态系统中的各种影响因素，内部和外部、个体与群体，都有着各种联系，领导者不再能仅靠经验进行单一或简单要素的分析，而需要考虑到更多要素之间的关联。

在 RUPT 的环境下，领导者面临的挑战是复杂多样的。急速的变化，莫测的未来，让过去的经验在 RUPT 环境下越来越无效。随着影响事物发展的因素变得越来越多，让我们无法再像以往那样按部就班，一味地依靠勤奋与努力去取得胜果。因此，领导者不得不用出浑身解数，勇敢地面对眼前这个"新常态"。领导者面临的挑战不仅是自身如何突破焦虑、走出迷茫情绪，领导者还需要稳定的影响力和敏捷的领导行为，才能带领团队和组织在复杂多变的环境下，找到出路，突破困境，再创不凡的佳绩。

领导者的挑战

2020年，是一个典型RUPT式的开局，急速与莫测的程度不仅出乎意料，更让我们措手不及。比如突如其来的新冠疫情肆虐全球，几乎殃及世界所有的国家；还有难以控制、各地频发的猛烈山火、蝗虫灾害、飓风海啸……与此同时，世界经济的突变、超级大国间的分歧，让各种旧有的商业模式正在逐渐被颠覆。无所不在的移动互联网和大数据，加上高速发展的人工智能等新技术，也在不断打破、颠覆人们的传统商业认知。

就如同罗纳德·海费兹和唐纳德·劳里在《什么造就了领导者》一书中所谈到的，在RUPT环境下，领导者面临的不再是技术性挑战，而是"适应性挑战"。所谓技术性挑战，就像是我们解数学题一样，掌握了工具和方法就能解题；但是适应性挑战要比技术性挑战复杂得多，我在前言里分享过，很多领导者存在"知道但是做不到"的情况，就是踢到了"适应性挑战"的铁板。领导者不仅需要在内心里克服对不确定未来的不安感受，去顺应"适应性挑战"；还要去安抚更不安和焦虑的员工，并且带领他们面对和克服适应性挑战，保持业绩稳定。在外部环境的压力下，组织也要持续进行变革，领导者需要让员工理解变革的必要性，同时不能让员工被残酷的现实，比如业务和岗位优化、人员裁撤等吓坏。

　　"适应性挑战"对领导者的领导能力的要求也是前所未有的高，因为领导者不光要能帮助团队解决问题，还要能用各种方式激发群体的智慧，和团队一起进步，去寻找解决问题的答案。所以领导者不仅要有操盘业务的能力，还要有与人共情的能力。领导者必须要在没有可借鉴经验的情境下摆脱过往的路径依赖，找到突破的方向和方法。更具挑战的是，在RUPT环境下，给领导者进行能力提升和自我突破的时间是很短的。

　　面对这些动荡与变化，组织如何生存？领导者如何直面这些新的挑战？很多领导者在惊叹RUPT环境的动荡与混乱，但究其根本很可能是他们在相对稳定、明确、简单、清晰的环境里待得太久，忘记了正是RUPT环境一直推动着人类的进化与发展。如《人类简史》所描述，在漫漫的历史长河当中，人类这一物种曾长期位居地球食物链的中层，我们的祖先曾经居无定所，在长达数百万年的时间里一直都过着漂泊的生活。绝大多数的年代里人类都是在危机四伏、变幻莫测的环境中奋力生存。稳定、明确、简单、清晰的环境一直都是一种罕见而奢侈的历史片段，甚至可以说，正是持续的动荡与变化孕育了人类的文明。

在人类进化的上百万年里，人类经历了无数恶劣环境的极端挑战，也见证了无数物种的兴衰与灭亡，人类也正是因为优于其他物种的适应能力成了地球的主宰，所以在我们的基因里一定有着战胜变化、无序、矛盾和纠缠的内在潜能。对于领导者而言，意味着我们要重新唤醒我们基因里面的潜能，从而能更好地展现出应对RUPT环境所需要的领导行为。

强大的原力

记得很多年前，我在第一次看《星球大战》时就有一种深刻的体会，这部热映三十年之久的银河史诗，本身就是一个RUPT环境的缩影。浩瀚恢宏的星系、千奇百怪的种族，构成了星战庞大而丰富的宇宙，而决定这个宇宙走向的主导权在无数次帝国集权与共和民主的喋血交锋中不断替换。也正是因为这样动荡的环境与莫测的危机，以及重重的矛盾，促进了宇宙的文明与物种的进化。在这样极度复杂与极度恶劣的条件下，有一种强大的能量持续支撑着追求正义的自由联盟，这种神秘的能量就是**原力**（The Force）。拥有原力的绝地武士可以在每一次险象环生的情境中转危为安，也正是因为绝地武士原力的觉醒，无数次黑暗的统治计划被装备简单、武器落后的自由联盟所颠覆。

原力让绝地武士的人生使命坚如磐石，即使面对外部不断恶化的环境，他们依然可以波澜不惊；原力让绝地武士的状态淡定从容，即使他们内心产生矛盾与纠缠的情绪，也不会被自己的心念所干扰，能保持绝对的专注；修炼原力的绝地武士会更加灵活，能快速应对突如其来的危险，也能抓住稍纵即逝的机会。同样，原力也能够让绝地武士在毁灭性的威胁下迅速躲避，绝处逢生。

原力让绝地武士有着丰富的创造性，没有任何一个绝地武士会被现有的条件所束缚。同时，他们会在非常有限的资源下，找到扭转形势的关键，看透错综复杂的关系，创造反败为胜的机会。

原力还赋予绝地武士强大的复原力，原力所赋予的精神意志让他们在看似万劫不复的形势下仍能坚守。

如果RUPT环境下的领导者拥有和绝地武士一样的"原力"，是否就可以在这样复杂多变的环境下灵活应变、所向披靡呢？在过去的二十年中，众多学者都在对此做着研究，也对领导者提出了应对环境改变的各种能力和行为的建议。我在研习和践行各种经典理论和创新主张的时候，特别被《U

型理论》所吸引，尤其是被作者奥托·夏莫博士谈到的"领导者注意力的源头"的概念所打动。在我们过去十多年做领导力发展的经历中，培养未来领导者的内容大都放在战略眼光和格局的培养上，较少有讨论内在力量对领导者的影响。而在成为专业的领导力教练后，我愈加发现，领导者的内在心智与情绪力量对于他们的外在行为影响深远。脑神经科学理论和实践研究的结果都很好地解释了心智模式会如何影响我们的情绪，进而影响行为，持续的行为又如何对结果产生影响。这就是很多领导者在个人成长的后期开始探索内在心灵的成长的原因。

在做了超过1000个小时的各层级领导者的教练实践后，我发现，解决领导者所面临的RUPT环境挑战问题的答案，在领导者的内心里。对于RUPT环境下的领导者，能够体现卓越领导力的重要前提是需要发挥出领导者的内在潜能，与自己的内在智慧深度连接，理解变化，接纳变化。要像绝地武士一样，越是面对艰难的挑战越是要让自己的原力展现光芒。当领导者让自己的内在潜能与自身不断成长的意愿相连接时，就能更好地站在发展的角度直面挑战，让自己更稳定和灵活，可以借用危机，驾驭趋势；当领导者让自己的原力发挥出来时，就能让自己有更强的创造性与复原力，可以识别复杂现象与结果背后潜藏的规律，利用有限的资源创造更多的可能，领导组织冲过惊涛骇浪，转危为安。

第二节 领导原力：领导者的内在潜能

> 决定领导者成功的因素不仅是领导者的行为以及方式，还有引发他们行动的"内在状态"，即注意力的源头和质量。
>
> ——奥托·夏莫（C. Otto Schamer）

领导原力

我们衡量一个领导者是否优秀，通常都是从结果来看，比如，他是否能带领团队实现商业目标，是否能满足所有利益相关者的需求。组织在培养领导者时的核心是放在领导行为的打造上。在 RUPT 环境来临以前，有各类管理学和领导力的理论和著作给出了各种领导者的能力和行为模型和范式，组织也基本按照这样的方法去培养领导者。同时这些范式也成了领导者自我学习的模版。然而，领导者在针对这些范式努力打造自己能力的同时，也常常会遇到力不从心的时候。阅读了很多优秀领导者的书籍，学习了很多领导力的模型，但是在工作中遇到各种挑战时，领导者还是会感觉茫然、无助、不知所措。特别是当复杂多变的环境挑战一浪接着一浪地打来时，多数领导者还是会回到过去的领导行为模式中。那么领导者的出路在哪里呢？答案其实就在领导者的内心中。

我们相信那些能良好应对复杂环境和严酷挑战的领导者，一定被一股与绝地武士的原力相似的力量加持着，我把它称为"领导原力"。如果要给领导原力下一个定义的话，那就是：**领导原力是领导者与生俱来的独一无二的内在潜能。通过唤醒这个内在潜能，领导者不断打造成长型的心智和快速复原情绪的能力，从而获得强大而稳定的内在状态，支持自身成长，并展现出适合环境的领导行为。**同时领导原力还能助力领导者凝聚他人的原力，汇聚广泛的集体智慧。领导原力是一股非常重要的内在能量，我们无须从他处获取，它就在我们每个人的体内。

领导原力之树

如果我们用一棵树来形容领导者，树叶就代表了领导者的行为，他的内在状态就是树干。从生物学角度看，树叶是呼吸器官，而树干代表的是整棵树的生命力。没有强大的树干就没有繁茂的枝叶，树干越粗说明这棵树的生命力越强盛。领导者需要强大而稳定的"内在状态"，才能展现适合环境的领导行为。同时，能抗击暴风雨侵袭的树木一定有着牢固的根系。树根为整棵树提供养分，并且把树牢牢地固定在土壤里，保障树的稳定性。**领导原力就是领导者生命的树根。**

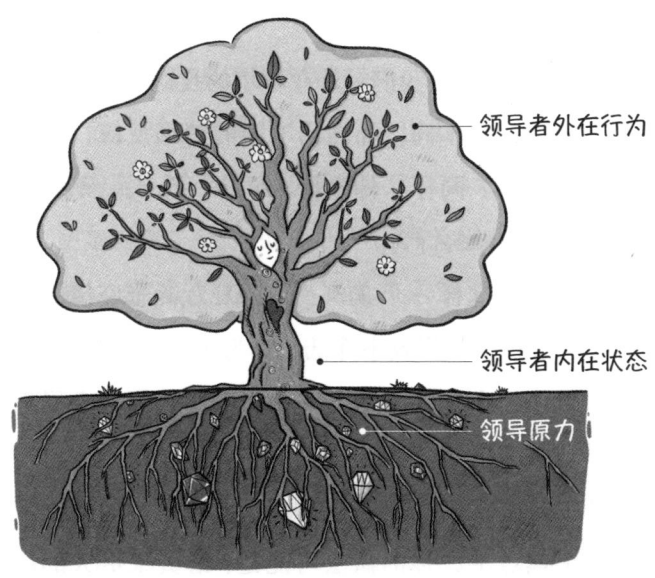

领导者外在行为

领导者内在状态

领导原力

图1-1　领导原力之树

　　我们常用"状态好"或者"状态不好"来形容一个人给大家的印象。这个"状态"通常指的是一个人整体的精神面貌，是人的精神、情绪、身体状况的综合表现，而内在状态更多的是人的精神和情绪层面能量状况的直接反应。如果我们把自己想象成一个武林高手，那么**"内在状态"就是你的"心态"**。这里包含了很多的东西，最核心的就是你内在的**心智模式**和**情绪状态**。如果你抱着客观认识自己，不断挑战自己极限的心态，那你的情绪就会变得沉稳和积极，你的一招一式就能随着对手的招式变化而应对自如，不会因为一时的

命何其短暂！生命与文明永远更迭交替，这使我们感到一切
都是一场虚空。但是，我也始终有这样的感觉：在永不停歇
的变化之中，总有一种东西存活在我们脚下，我们只看到花
开花落，而生命的树根却岿然不动，万古长青。"不管我们能
不能感受到，原力一直扎根于我们的内在，给予生命最底层、
最本质、最纯粹的能量。

　　那领导原力这股内在潜能到底在哪里呢？它潜藏在领导
者的"真实自我层"里，如同下面这个模型向我们所展示的，
它非常好地阐述了真实自我层里的潜藏能量。

图1-2　领导原力结构图

作为人类，我们总是展示给周围的人最外层**"本能防御"**的样子——我们自己想成为的那个人的样子。即使是最真实的人，我们在家人、朋友和陌生人面前的表现也是不同的，外层信息是我们在世上的表象，它包括一些习惯、行为和想法，我们用这些来构成自己想让人们看到的样子。例如领导者都希望自己在面对挑战时表现出自信、果敢、坚毅、勇猛……因为这些是社会对于领导者普遍的认知与要求。为了顺应这个要求，领导者必须时刻消耗能量，打造这个本能防御的盔甲。这是我们维护安全感的需要。

本能防御层之下是恐惧、担忧和不安等一些我们称之为**"脆弱敏感"**的东西，这一层代表了我们可能害怕成为的那个人。通常来讲，"脆弱敏感层"的形成大多基于童年经历，大体包括对父母和社会的态度，以及在此基础上产生的行为模式和价值观。就像我们还是孩童时，你的父母看到你哭泣的第一反应就是"哭什么呀，多大点事啊，不哭就给糖吃"；长大了你再哭泣，周围人的反应是"你太差劲了，至于嘛"。就像有面镜子放在你面前，通过镜子你看到了自己哭泣时涕泪横流的"丑陋"样子，那是你最不想看到的样子。无论是父母的责备、糖果的诱惑还是镜子里"丑陋"的样子，都形成了我们对于类似伤心等负向情绪的假设——负向情绪是不好的，有负向情绪说明我不够坚强……久而久之，在心理上我们就会规避这些"软弱"的感受，形成第二层盔甲，满足我们维护自尊的需要。

由于"安全感"和"自尊"而形成的这两层盔甲，构建了"自我保护"的外罩，一方面保护了我们的安全感和自尊的需要，另一方面也不断地消耗着我们的内在能量。随着时间的推移，如果没有得到内在能量的补充，很多人会感觉身心疲惫。

同时，这种自我保护把"真实自我层"里的美好和"领导原力"这个无限潜能给封存了。每个人内心最核心的"真实自我层"包含"我"所有的品质、优势、美好的人格特质和潜能。领导原力就在真实自我的内部，每个人都有。这股力量就像朝阳在地平线上升起时一样蓬勃热情，又像春天来临，植物的幼芽从土里、枝干上冒出时展现的倔强生命力。它是每个领导者自带的发电机和动力源泉，是自身美好的生命力展现。只是这股力量需要我们打破"自我保护"的两层盔甲，深入"真实自我"的内心，去观察和发现自己原始的品质、优势，并且通过和真实自我的对话，聆听自己内心真正的声音——我是谁？我拥有的无限潜能是什么？我如何让这些潜能在复杂多变的环境中，为我提供源源不断的动力和能量？

我们见证过很多的领导者，通过各种深入的自我对话，跳出了原有的思维局限。他们看到了阻碍自身发展的一些限定性的心智模式，也开始对情绪和情绪反应有了理性思考的方法。同时他们通过建构自己生命的意义，明确了人生的志向目标，最终和真实自我层里自己的领导原力产生了联结，并且让这股力量非常好的为自己所用。

领导原力对于我们每个人的价值，就像树根对于树叶的输养。当领导者找寻到自己的领导原力，就能释放出自己内在的潜能，为自己存在于这个世界所要实现的目标而奋进。成为原力领导者，意味着你在不断探索和发展自己的心智成熟度和心理弹性。这是一个灵活、开放地与你自己对话的过程，但是它又让你与自己最陌生的部分相遇，这个过程需要很多的勇气、信心和坚持。

对于领导者，在迈向未来世界的路途上，经过对自身原力的探索、和真实自我的对话，领导原力就能释放出它的能量。就像当一棵大树的根扎得深、扎得稳、扎得正了，根系可以不断提供养分，那树干——内在状态——就能稳定和强大。**所以当和领导原力联结，领导者就能拓展无限可能，获得稳定而强大的内在状态，从而展现出能良好适应环境的领导行为，更有效地战胜环境挑战。**

原力加持下的领导者

很多杰出的领导者，像杰克·韦尔奇、萨提亚·纳德拉、任正非……从他们的个人传记或者发表的言谈中，我们都能发现他们通过连接内在的原力，从中汲取力量，并善用这股力量，从而拥有良好的"内在状态"和卓越的领导行为去面对环境带给他们的种种挑战。同时也因为原力的加持，他们普遍在以下四个方面展现出异于常人的表现。

稳定的核心

领导原力能够让领导者在面对变幻莫测的环境时，保持一种相对稳定的内在状态。这种稳定的内在状态会让领导者展现出一种"淡定、沉着"的外在行为表现。要维持这样的稳定状态，需要领导者思考这样几个问题，并找到自己的答案。

1.我的人生使命是什么？

2.我想成为什么样的领导者？

3.我领导的团队/组织存在的意义和价值是什么？

4.我希望带领团队、组织去向哪里？

这些问题的答案里蕴含着领导者个人的使命、信念和价值观，而使命、信念、价值观这些在潜意识层面的认知就是稳定的内在状态的基石。就像绝地武士一样，他们心怀保卫银河系安定的使命，行事遵守着严苛的规则，同时又要不断面对和抵抗原力黑暗面的诱惑，是绝地信条里的平静、真知、和谐让他们能够一次次地赢得胜利。领导原力——这股潜藏在"真实自我层"里的能量，能够帮助领导者与真实的自我相遇，发现自己的使命，认清自己的价值观。

灵活的反应

伟大的绝地武士的一个标志，是能够在极其危险的环境中保持灵活，即使在最恶劣的环境里也能保持进攻和防守。拥有原力的领导者能从过往依赖的路径中解脱出来，变得轻盈而敏锐。这样的领导者能敏锐感知环境、组织、人的变化，并能后退一步思考，根据较大环境中发生的变化做出最佳决策；同时他们可以暂时放下自己的观点和诉求，考虑与自己的举措利益攸关的那些人的需求和视角，结合系统的观察，对不断变化的外部环境采取迅速而灵敏的决策与行动。对于一个领导者来说，不仅在改变决策方向上需要灵活性，而且在如何构思想法、想法来自哪里以及解决问题所需要的专业知识等方面也需要灵活性。他们能放下过去引以为豪的"我知道问题的答案"和"我们必须这样做才能成功"的念头，在不断的试错、摸索中看见不同的思考，容纳不同的见解，快速地学习。只有和原力紧密联结，领导者才能不受惯性心智模式的束缚，才能让灵活性得到发挥——就像球员在球场上快速奔跑时能随着竞争环境的变化调整策略，最终进球。

丰富的创造性

对一个绝地武士来说，不光要在战斗中学习并适应完全不同的战斗环境——从茂密的丛林到广袤的沙漠，从高耸入云的铁塔到高速行驶的飞船，还要面对以前从未遇到过的、

无法用现成的方法解决的挑战。这就需要创造力——产生新
思想、发现和创造新事物的能力。

　　拥有原力的领导者能从习惯性假设中跳出来，并对面临
的复杂新问题提出最优解决方案。同时，他们还需要改变解
决问题的焦点，对于领导者来说，改变焦点就是认识到曾经
认为从A到B的正确路线可能已经在当下的环境里不再适用。
领导者面临的不是如何选择非此即彼的"正确"答案，而是
需要兼顾"既要/也要"的共同局面。这种思维的转变需要领
导原力，但也需要对未来的信心——知道领导者最终想去哪
里，但对不同的方式持开放态度。拥有领导原力的领导者还
能有意识地用有创意的方式去激发他人的创造力，从而形成
鼓励创新的文化与环境。

极强的复原力

　　在电影中，原力能让绝地武士通过接触他人的伤口并释
放原力使伤口以更快的速度愈合，无论是皮外伤还是光剑刺
穿的致命伤。对于领导者而言，**复原力是指一种能够从逆境、
不确定、失败等情境以及某些无法抗拒的灾难中自救、恢复
的能力**。强大的复原力能够让领导者从消极的经历中快速恢
复，灵活地适应多变的环境；也能让领导者的情绪始终保持
在一种高能量的状态运行，从而对其他人也产生出积极的影
响，并且能够吸引有同样能量状态的人共事，产生出极佳的

团队能量场。

领导原力对于领导者的价值就像树根对于树干、树枝和树叶的赋能，也像是原力对于绝地武士的加持。这股能量就在每个领导者内心里，等待着被发掘、被释放并闪耀光芒。每个领导者都可以和自己的原力相联结，只要你真的愿意。

第三节　原力领导者的典型代表：萨提亚·纳德拉

> 在一个不确定的环境，不确定的时间，却要为公司指明确定的前进方向，这对领导者的能力和直觉，都提出了很高的要求！
>
> ——萨提亚·纳德拉（Satya Nadella）

2019年6月9日，微软的股价报收于每股131.4美元，市值突破1万亿美元大关，再一次刷新了历史新高的同时，也一举超过亚马逊和苹果，成为全世界市值最高的公司。

让这个市值曾跌破2000亿美元的科技巨头实现快速增长的最关键因素莫过于现任CEO萨提亚·纳德拉，是他带领微软公司摆脱了创新者窘迫的严重危机，重回市值巅峰，创造了常人难以想象的成绩。与很多"空降"CEO相比，作为一个"土生土长"的微软人，萨提亚·纳德拉在没有任何大型组织变革经验的前提下，能凭借自己的直觉与能力，引领微软完成全面的战略与文化升级是相当困难的。连纳德拉自己都承认在微软成长的一个很大的障碍是"我几乎再也没接触过其他的公司"。但对于一个原力觉醒的领导者，内在的能量能够让他感知到什么是自己当下最好的选择，可以直面自己的挑战，勇于改变。纳德拉做到了，他的所作所为与我们定义的领导原力所催生的领导行为极为吻合，可以说他在稳定性、灵活性、创造性、复原力四方面的卓越表现是原力领导者的典范。

价值观的稳固

原力领导者所表现出的卓越领导行为来源于其稳定的内在，他们非常清楚自己的核心价值——领导者代表什么？领导者的生活和工作被什么驱动？在短期快速变化的环境中，长期不变的又可能是什么？在纳德拉上任之初，他面临的最大问题就是——如何让一个已经家喻户晓的传统软件企业，实现突破，重获新生。有着43年历史的微软已经完成了公司创建之初的目标——让每个家庭都拥有自己的个人电脑。纳德拉意识到微软必须要面对一个重要选择——微软的下一个愿景到底是什么？纳德拉认为，多数企业能成功，得益于它们在瞬息万变的时代中，还能不断强化核心使命感。技术会变，客户会变，利益者对企业的期待也会变，但优秀的企业家比别人更清楚，最初让自己成功并将自己与其他人区分开来的使命感应该要延续下去。通过基于对原始使命的思考，纳德拉发现微软要做的并不只是让每个家庭的每张桌子上都放上一台电脑，而是要能帮助每个家庭和公司实现更多目标，微软的使命是"予力全球每一人、每一组织成就不凡"。

当清晰认识到微软创造技术是为了便于他人创造更多的技术这个事实后，纳德拉做了两个大胆决策，在竞争对手苹果公司的IOS系统上推出了Microsoft Office，并且也加大了对微软的另一个竞争对手Linux系统的支持。也正是这两个基于使命的决策，让微软获得了超乎想象的回报。

超出组织范围的政治领域，纳德拉也通过他的方式多次表达了关于国家领导力的看法，这些观念对微软稳定的发展同样带来了持续的深层影响。2017年1月，当美国总统唐纳德·特朗普签署移民令时，微软将其称之为"误入歧途，是一个根本性的倒退"，纳德拉本人则以自己作为移民身份来批评这一做法："在任何社会，都不应该有偏见或偏执。"在同年的暴力和种族主义活动爆发后，他在给高级工作人员和直接下属的邮件中，分享了这件可怕的事情对他所产生的深刻影响。他这样写道："这段时间里，只有两件事对我来说真正重要。首先是坚持我们永恒的价值观，包括多元化和包容性；其次，对周围的伤害保持同理心。在微软，我们努力寻找不同，赞颂他们并欢迎他们的加入……成长型心智方式要求我们真正理解并分享他人的感受。我们必须共同拥抱我们共同的人性，并创造一个充满尊重、同理心和机遇的社会。"

对于原力领导者来说，稳定的内在意味着他们会不断清晰组织的愿景，并且会把这个愿景变成每一个员工的共同愿景，他们做的不是说教、洗脑，而是感召——用每一次身体力行来传递他们稳定的价值观和使命感，让自己能与每一个人同频共振。

自我刷新

在 RUPT 的环境里，领导者无法把控每一个影响企业成功的因素，很多时候只能与灰犀牛和黑天鹅一起共舞。但对于每一个原力领导者，无论环境如何变化，他们都可以根据具体的情况敢于做出不同的决策，把事情做到最好。他们能放下过去引以为豪的"我知道问题的答案"和"我们必须这样做才能成功"的念头，在现实的问题中探索，看到不同的角度，找到最适合的解决方案。

在 2018 年《财新周刊》的一次采访中纳德拉被问到："您是出于什么目的对于微软的组织架构频繁地进行调整？"纳德拉回答说，微软做到的只是面对客户不断调整的预期，组织专业的队伍，去满足客户尚不满意或未阐明的需求。之所以会一直调整组织架构，是因为如果微软满足不了客户的需求，业务就不会成功。纳德拉保持灵活的原则是：没有客户会关心微软的组织架构，他们只关心微软打造的解决方案。

原力领导者需要能对所处环境保持敏锐，预测重要的变化，并且相应地要决定采取哪些举措，即使这样的措施有可能是与原有的惯性思维背道而驰，甚至是颠覆性的——纳德拉将这一过程称之为刷新。纳德拉在《刷新：重新发现商业与未来》一书中提出一个重要的观点：任何组织与个人，达到某个临界点时，都需要自我刷新，否则很容易被淘汰出局。没有刷新就只能等待死亡，没有刷新就没有未来。

创新策略

原力领导者需要同时思考不同的想法和经验，寻找它们的异同，并在它们之间建立有意义的联系，这是原力领导者创造性的重要体现。原力领导者总是能够退一步思考他们所面临的各个问题，从而了解它们的联系、确定它们的轻重缓急或者看到它们与过去遇到的问题之间的异同，甚至还需要发现明显对立的事物的共同点。纳德拉一直秉承这样的思考方式，上任之初他就对阻碍微软发展的因素做了详细的剖析，站在全球的角度大胆启用了创造性策略——在苹果IOS系统上打造Office软件套装，虽然打破了以往微软对自身系统的

封闭，会给竞争对手更多的发展机会，但同时也给微软带来
了更大的可能性。

拥有原力的领导者对未来满怀信心的同时，可以对不同
的意见保持开放态度。他们能有意识地激发他人的创造力，
从而形成鼓励创新的文化与环境。纳德拉认为，每一家公司
都需要新的想法和新的能力，但只有当公司的文化能容许它
们成长时，公司才会得到这些想法和能力。纳德拉认为，以
前微软的高层管理会议上，很多时候管理者只是自说自话，
大部分讨论都只是在吐槽彼此的想法，如果不能让高层管理
者积极、全面地参与进来，变革就不会成功。

纳德拉在《刷新：重新发现商业与未来》中提道，"我喜
欢把我们的高级管理团队想象成'超级英雄军团'，每一位坐
在会议桌前的领导者都拥有独一无二的超能力，因为我们是
持续转型中的真正英雄。我不只需要他们相信我们对未来设
定的方向，而且需要他们帮助我们到达目的地。"在微软的变
革中，纳德拉开始践行他的领导力原则，即把团队放在优于
个人地位和个人荣誉的位置上。他意识到只有基于这个原则，
才能获得团队的集体创造性。因为他知道，他所追求的不是
单纯的业务开展，而是在推进文化建设和激发想象力。

强大的复原能力

原力领导者不会期望外部环境能合乎他们的心意，他们会寻求各种各样的方法，将外部环境的局限转化为他们的助力。他们可以从不幸的状况中迅速恢复，并且能够坦然地接受现状。纳德拉认为即使在"过度约束的空间和条件"下，领导者仍然可以持续创造成功。拥有原力的领导者能对自然发生的各种负向情绪有着强大的接纳度，从而可以适时调整和转化。

纳德拉的第一个孩子Zain因在子宫内缺氧，成为脑瘫儿，为了照顾孩子，他的太太不得不辞去工作。这让纳德拉在儿子出生后两三年内也一直在自责。但也正是在生活的重创中，纳德拉得到了很多领悟，让他认识到，人生的问题并不能总按照自己的意愿去解决，很多时候只能学会与之相处，只有深刻理解了人生无常，一个人才能达到平静的心态，以更加平和宽厚的视角看待生活与工作。后来，这种复原力也逐渐体现在纳德拉的领导行为上，让他成为了一个伟大的赋能者。纳德拉认为"领导者要产生能量……无论身处顺境还是逆境，领导者都要激励乐观主义、创造性、共同承诺和成长"，让每个人都能发挥出自己最大的潜力，帮助团队和组织进步。微软首席无障碍官珍妮·莱-佛莱丽（Jenny Lay-Flurrie）介绍说："基于充分的接纳，纳德拉总能把事情推向协作共赢。"

原力领导者能够正视自己的错误与失败，并能从中找到背后原因。纳德拉在上任 8 个月后受邀参加女性计算科学系列会议时，在问答环节中的言论遭到了参会者们的抗议。纳德拉很快意识到自己的错误，并在第二天通过给微软员工的邮件进行了公开道歉："这个问题我的回答是完全错误的。"纳德拉把当时自己在台上的言论称为"特权阶层的废话"。

纳德拉能够在被指责的情况下快速复原，保持理智与客观，不仅承认错误，还反思自己偏见言论的来源，并且推动整个团队勇敢面对失误。微软前全球销售首席运营官凯思琳·霍甘（Kathleen Hogan）说，这次情况不仅没有让大家对纳德拉失去信心，反而让大家更加信任他。"他没有责怪任何人。他承担了一切，并对全公司说，我们要向失误学习，我们会变得更聪明。"

从纳德拉的事例中，我们可以发现，领导原力像树根一样为领导者提供源源不断的内在能量，让更多的像纳德拉一样的领导者有了稳定、灵活、创新、复原四个方面的领导行为。纳德拉只用了 6 年时间，就带领微软重回巅峰，而他领衔的微软高管团队，被比尔·盖茨誉为"从未像现在这样强大的微软领导层"。

其实每个领导者的内心里，都有可以被利用的原力，领导原力是领导者良好内在状态与卓越外在行为的根本与源头。

只要能与自己的原力联结，就会有更多的领导者能像纳德拉一样清晰地知道自己是谁以及组织的使命，能够保持开放的心态，激发并创造更多的可能性。而这样的领导者即使面对挫折与失误，依然可以快速复原，在逆境中成长。

本章小结

在复杂和变幻莫测的RUPT环境中，领导者的内在状态的稳定与强大非常重要。无论外在环境如何风云变幻，领导者自己的内在状态稳定且强大了，那么思考的焦点就可以不仅仅只停留在"救火"的工作里，还可以从更高的层面来看问题；当领导者的思考更深邃了，他们做的决定就更符合短期和长期的需求；对于团队而言，这样的领导者将起到定海神针的作用，团队就不会迷失方向。而且就算在困难的情境下，领导者也会因为这样的内在稳定而信心在怀，力克难关。当然，领导者保持这样稳定而强大的内在状态需要在自身原力的赋能下获得源源不断的动力和能量。

树木经历狂风暴雨不倒，是依靠根系的发达和牢牢地抓地后产生的力量。领导原力作为领导者生命的树根，不仅为领导者内在状态的稳定提供了坚实的支撑，还能让其在各种挑战下所产生的情绪快速复原。就像平静的湖面被狂风吹得波浪滚滚后，一会儿就恢复了宁静，这样的内心稳定需要非常高的能量支撑，领导原力就是支撑快速复原的能量。

领导原力是面向未来的领导者的核心能源。这个来自领导者内在最底层的澎湃能量一旦被发挥，领导者强大而稳定的内在状态的修炼就有了强有力的保障。但是对于很多领导者而言，这个潜藏在内的能量是被忽略的，甚至是被回避的——呈现出一种我称之为"封存"的状态。我们需要通过一些方法让这个被封存的力量得以"觉醒"，就像是通过松土、施肥、除虫……让树根重新焕发生机。

第二章

觉醒你的领导原力

领导者在面对RUPT环境的挑战下，需要内在强大的能量和稳定情绪状态的支持，才能让领导行为的有效性得到提升。通过不断升级自我认知和心智模式，让我们不再受困于过去无效的心智模式中，从而对环境压力呈现出积极回应而非本能反应。想要获得这种强大的内在能量和稳定的情绪状态，光靠外在努力只能是杯水车薪，关键还是要领导者去和这股我们与生俱来的潜在能量——领导原力相连，并且获得它的加持。

因为在成长过程中受原生家庭、成长环境、个人经历等种种因素的影响，许多人的领导原力被封存了，这就需要我们用各种有效的方法去唤醒领导原力。作为企业教练，我根据1000多个小时的领导力教练的学习和实践，总结了领导原力觉醒AWAKE模型，通过5个步骤，帮助领导者唤醒自己的内在潜能，最终成为真正拥有原力的领导者。希望在原力的赋能下，领导者可以一路披荆斩棘，在应对RUPT环境的挑战时能所向披靡，越战越勇。

【本章阅读指南】

1.为什么有的领导者的领导原力会被封存？

2.唤醒领导原力的过程中遇到的两个挑战是什么？

3.如何通过AWAKE模型来解决领导原力觉醒过程中遇到的挑战，最终成为持续成长的原力领导者？

第一节　被封存的领导原力

　　　　能使你改变的力量就在你身边，等待着进入你的体内。这种力量对你的爱是无条件的，毫无保留的，它甚至会任由你来选择是否接受它的存在。如果你选择了"不"，那么这种力量就会白白流失掉了。

——奥托·夏莫（Otto Scharmer）

就像绝地武士要修炼原力以获得非凡的能力一样，对于领导者而言，领导原力的加持，可以让领导者保持身体和心灵的统一，具备更好的内在状态，让领导者在面对急速变化的环境时，可以展示出更为敏捷灵活的领导行为。在前文我们提到，**领导原力是存在于最本质自我里的能量**。而这个最本质自我的外面有着两层盔甲，它们分别是：领导者害怕自己会成为的人和领导者假装自己会成为的人。这两层盔甲的形成有着成长环境、个人经历等诸多原因，而且随着时间的积累，盔甲会越来越厚。可想而知，在厚重的盔甲下面，最本质自我潜藏的一些特质、优势也被盖住了，领导原力这股能量因此进入了被封存的状态。**当领导原力被封存，领导者的内在状态会呈现僵化，会被各种惯性的心智模式和情绪反应所挟持，从而让外在行为也受到僵化的内在状态的影响**。当外在环境变化并且日益复杂时，这种僵化的内在状态就无法呈现出更为灵活和自如的领导行为。所以我们需要让领导原力觉醒，让这股存在于最本质自我里的能量能为我们所用。

领导原力觉醒的过程就是对领导者最本质自我的探索、发现，并展现的过程。既然是对内心的探索，那么这个过程注定是充满挑战的，毕竟最本质的自我对于很多人来说是非常陌生的。很可能会有人把这个过程看成是心理疗愈，作为专业教练，我认为这个过程不是疗愈，而是突破——领导者面向未来必须实现的内在突破。

这个内在突破是指个人突破自己的各种本能防御和心理

舒适区的过程。这也是企业教练与心理咨询师不同的地方。心理咨询师着眼的是过去，通过分析过往经历，帮助患者发现心理问题背后的各种原因并就这些原因做针对性治疗；而作为企业教练，着眼的是未来，我们协助客户看到阻碍自己成长与发展的无效心智模式，并且做心智模式的转换与升级。

心理舒适区

领导原力是潜藏在最本质自我里的能量，但是外面却有两层盔甲需要突破。对于领导者而言，这两层盔甲是有一定价值的。它们本身有着防护的作用，就像是领导者在面对复杂的外部环境时的一件防弹衣，有了它领导者才有安全感，而追寻安全感又是生存本能。日积月累，这两层盔甲就创造了"心理舒适区"。

"心理舒适区"指的是人们的习惯、思维模式处于一种驾轻就熟的心理状态，因为这样最安全，符合人类趋利避害的本能。一旦超出这个安全范围，面对新环境、新事物、新挑战时，人们的内心会从原本熟悉、舒适的状态进入到紧张、担忧，甚至是恐惧的状态。由于对自己熟悉的环境和行为模式的依赖，人们很难走出心理舒适区，一旦面对改变带来的不确定性，心中就会恐慌与焦虑。

美国哈佛大学的发展心理学家罗伯特·凯根（Robert

Kegan）在他的心理免疫系统理论中指出了因改变而产生恐慌与焦虑的背后原因。心理免疫系统是一种维持心理结构平衡和稳定的保护机制，就像生理免疫系统排斥身体的有害微生物一样，会将对人心理产生消极影响的负面信息降到最低。心理免疫系统会让我们的行为和思维模式趋向于稳定的自动运行，它的重要核心机能之一，就是让人们尽量处在心理舒适区。除了对已产生的负面信息进行合理化释义外，它还会对不确定的新行为进行干扰，增加反向理由，从而减少恐惧与焦虑情绪的产生。这解释了为什么很多人想要改变自己的坏习惯而不成功、想跳出原有的环境而无力改变、无法实践新习得的知识。同样我们也就可以理解，为什么人们对于一件事，在遵循自己惯性思维模式去进行决策和行动的时候，自己的内在状态是最平静的，产生的焦虑和纠结也最少。

心理免疫系统会将负面信息进行合理化，甚至重新解释，使其成为问题的正解。同样的，社会心理学大师提摩西·威尔森（Timothy D. Wilson）在进行了大量的实践研究后发现，正如我们的生理免疫系统可以发现负面状况并降低其影响力，心理免疫系统同样也会识别对人类自尊的威胁，对自己的错误、需要改正的行为进行一系列合理化的重新释意，从而排解内在的郁闷感受。我在做企业教练的初期，经常遇到一些领导者，当他们面对负面反馈的时候，会提出大量的客观理由来解释，为自己的行为找到很多借口。然而，他们没有意

识到这些因为心理免疫系统进行合理化而被删减和篡改的负
面信息，会造成认知缺失，让他们无法面对那些可以帮助他
们成为更好的自己的提升点，因此极大地削弱了他们改变的
动力。

心理舒适区是满足自身安全感的需要，但也是自身发展
的阻碍。在外界压力环境的影响下，最本质自我外面这两层
盔甲的厚度和硬度不断地增加，形成了保护罩。又因为心理
舒适区的关系，这层保护罩又成了最安全的地方。穿着盔甲
的领导者虽然内心渴望发生改变，可是又没有足够的能量去
做出改变。日复一日，年复一年，领导者和真实自我层的联
结就会越来越弱，导致领导原力逐渐被封存。

领导原力被封存

从过往十多年从事领导力培训、管理咨询和企业教练的经
历中，我发现被封存了原力的领导者或多或少有以下的困扰：

工作成瘾

很多领导者都有工作狂倾向。工作狂是一种强迫症——
通过自我强加的要求而沉迷工作，忽视一切工作以外的事情，
缺乏良好的作息习惯。领导者在过度紧张的状态下长时间工
作，就像汽车失去刹车，一直在高速路上奔驰；当需求增多

时，他们也会本能地逼迫自己继续努力；他们长时间没有周末、没有休息，因为停止工作会让他们产生负罪感，他们一定要找点事情做，他们害怕自己一旦去放松、休息，就会被看成是"懒惰"的人，他们必须向世界和自己证明：我很忙、很高效，绝对没有偷懒。长此以往，领导者的体力、精力被大量消耗，很容易出现各种健康问题。

过度依赖头脑

领导者必须比下属更聪明、睿智，否则如何能领导别人呢？这也是领导者内心常有的声音。纵观组织里对领导者的选拔，谁不是过五关斩六将，从一群优秀的人里面走出来的？所以发达的头脑、敏捷的思考是领导者的基本条件。过度依赖头脑的领导者害怕自己看起来很"愚蠢"，他们会努力展示自己的非凡头脑与智慧。所以我们经常在一些高管会议中，看到用智商相互碾轧、希望在会议中处处占得上风的领导者，他们无法有效表达自己的意见、相互给予客观而坦诚的建设性反馈，还有的领导者希望被看成"专家"，他们非常害怕被下属看低，所以遇到突发的挑战时，习惯一味地死命硬撑，而不去寻求帮助。

情绪缺失或不稳定

很多领导者觉得情绪是个多余的东西，工作中都要就事论事，不带情绪才对。他们害怕流露情绪，希望自己是个"钢铁侠"，所以在工作状态下不是拼命压抑自己的情绪，就是无视他人的情绪。而有的领导者则是在工作中易怒、缺乏耐心、容易焦虑，特别是当大量工作压力袭来的时候。不稳定的情绪会像病毒一样传播，影响团队的氛围，而变差的团队氛围则会进一步影响员工的绩效水平。

难以保持专注

　　不少领导者每天都疲于应付各种突发的"救火"事件，他们就会很难专注那些对于长期来讲重要的、有价值的事情。因为他们害怕如果自己"救火"不及时，麻烦就会变成不可收拾的灾难。他们一方面不想做"救火队员"，另一方面又觉得自己是团队中不可或缺的人。他们没有时间好好吃饭，没有精力做自己过去喜欢的事情，甚至在陪伴家人的时候也是心不在焉，更没有时间做自我反思、深度思考和创意性思考。

　　在这些困扰影响下的领导者，他们的内在状态是僵化的。环境在发生巨大的改变，领导者想要在RUPT环境的挑战下良好应对，就要打破这种僵化的内在状态，直面自己过往行为模式中需要改变的地方，走出"心理舒适区"，突破这个心理免疫系统所创造出的假象。只有这样，领导者才能和自己的内在潜藏能量——领导原力发生联结，并且经过联结后唤醒这些潜藏能量，为领导者行为的改变提供强劲的能量支撑。

第二节　领导原力觉醒的核心要素

领导原力的觉醒不是一蹴而就的，而是领导者内在状态不断突破和提升的过程。就像小鸡出生时必须从内而外把壳打破一样。这样的过程是一种发生在心理上的"转变"——转变的不是外在环境，而是个人为了更好地适应环境的变化在个人层面所必须经历的心理过程。领导原力觉醒也可以看成是领导者内在状态的转变和面对外在环境的行为升级。

综合来说，内在状态大致受两个因素的影响，一个是情绪，另一个是心智模式。这两个因素息息相关，相互影响。

情　绪

情绪本身没有对错，但是情绪会对我们的行为和身体健康产生很大的影响。情绪的产生和波动一般会受到两个方面的影响：**第一，外部事物的刺激；第二，自我内心对于外部刺激的反应。**现代人在外部环境急剧变化和社会竞争不断加剧的刺激下，普遍产生的情绪反应就是"焦虑"。对于领导者而言，他们的"焦虑"程度比一般人可能更高一些，因为他们所担负的责任更重大。焦虑主要是指一些不安的、不愉快的感受，如果是一般的焦虑情绪，对我们的工作、生活和身心健康并不会造成负面的影响，反而会让我们做出一些积

图2-1　内在状态结构图

极的行动。例如为了应对外部环境变化的压力，你也许会采取下面一种或者多种行为：加强对外部环境的关注、拓展人脉、更加努力地工作、降低对未来的预期、谨慎地做出决定、积极发展个人和团队成员的技能，等等。但是我在企业教练实践中更多遇见的情况是影响了领导者身心的"过度焦虑"反应，例如领导者过于严厉、易怒和批评他人、遇事易争辩、逃避责任、忧虑重重、性格孤僻而疏离他人。长期在过度焦虑情绪下，我们的身体也会做出相应的反应，比如血压升高、肌肉僵硬、消化不良……

我并不是心理医生，不会去挖掘这些情绪产生的心理原因并有针对性地进行治疗。我所做的是帮助和引导领导者发现、看清情绪对他们的影响，并和他们一起转换不同的视角，找到自我情绪转化的契机和动力。美国心理学家阿尔伯特·埃利斯（Albert Ellis）认为，人的情绪和行为障碍不是由于某一激发事件（activating event）所引起，而是由于经受了这一事件的个体对事件不正确的认知和评价所引起的信念（belief）导致了在特定情景下的情绪和行为后果（conse-quence）。就像在第一章我所说的人们在新冠疫情影响下产生的两种不同的情绪，有的人会在焦虑的情绪里沉浸很久，而有的人会迅速走出焦虑，这两个不同情绪反应的背后，是不同的心智模式造成的。

心智模式

心智模式是我们理解自我、他人和世界的各种内在信念系统，是个人成长过程中各种经历积累起来的成见、规则，它影响我们与自我、他人和世界互动的方式。

心智模式一旦形成，将使人不自觉地以某种固定的方式去认识和思考问题，并用习惯的方式去解决问题。那么心智模式是如何对我们的情绪、语言和行为产生影响的呢？

借鉴神经语言程序（Neuro-Linguistic Programming，简

称NLP）理论中对心智模式背后根源的解读，我们可以看到心智模式包含各种信念、价值观、规条系统，它们是我们所有情绪、言语和行为的依据。

——信念（Believes）：即相信事情应该是怎样的。

——价值观（Values）：是做或不做一件事情所依据的理由。

——规条（Rules）：人、事、物如何安排以实现信念并拿到价值的方式。

我们来看一些领导者常见的内心活动，分析一下这些心智模式背后的BVR是如何运作的。

1.领导者就应该比下属懂得更多，因为懂得多，下属才会尊重我、听我的指挥。所以就算是我不懂，也不能被下属看出来。

这句话里的信念就是"领导者应该比下属懂得更多"，价值观是"被尊重，被服从"，规条是"不能被下属识破"。

这样的心智模式下，面对RUPT环境的挑战，领导者没有过去经验可借鉴，也不能向下属坦承自己认知的匮乏，又必须维护在下属面前的"面子"，内在状态一定会非常纠结和焦虑。

2.领导者应该三思而后行，只有这样才能避免错误的发生，团队才不会陷入思维不缜密而造成的困境中，所以在没有想清楚之前不应该行动。

这句话里的信念是"行动要慎重"，价值观是"不容易出错"，规条是"必须计划周密了再行动"。

在 RUPT 环境的快速巨变中，如果领导者秉承这样的 BVR，可能就无法灵活敏捷地响应变化，在变化中的生存就会受到挑战。

　　3.领导者应该是"钢铁侠"，不能被情绪左右，情绪是软弱的借口。没有情绪的阻碍，就能集中在问题的解决上。所以大家谈问题一定要不带情绪。

这句话里的信念是"情绪是软弱的"，价值观是"问题解决"，规条是"谈问题不能带情绪"。

领导者如果能快速感知自己的情绪和看到情绪背后的心智模式，就不会受这种情绪的困扰了。在第一个例子里，我们看到面对 RUPT 复杂环境的挑战，领导者没有过去的经验可借鉴，在"领导者必须比下属懂得更多"信念的影响下，不能向下属坦承自己认知的匮乏，必须维护在下属面前的"面子"。这个"必须"在理性情绪疗法[1]中是一种绝对化的要

---

1 "理性情绪疗法"（Rational-emotive therapy）由美国心理学家阿尔伯特·埃利斯创立。

求（demandingness）。有绝对化信念的人，会以自己的意志为核心，对一些事情的发生或者不发生有着坚定的执着心。当现实中的事物与这个绝对化的信念相悖时，他们会陷入情绪困扰之中，内在的稳定感就会被打破。如果领导者通过方法把这个绝对化的信念转化成"领导者不需要比下属懂得更多，而是需要激发下属愿意分享自己的知识，一起探讨解决问题"。当类似的情况再发生，领导者能迅速看到自己的焦虑，而后把关注点从"我必须懂"转向"激发下属分享知识，一起探讨"。那因为要维护面子而产生的焦虑就被如何共同解决问题的想法所取代了。

所以领导原力觉醒的过程有两个关键要素：**心智模式转变和情绪能量转变。**

这种转变意味着领导者要从固有的一些心智模式中脱离出来，并采取相应的新行动来转化这些模式，以达到用新的心智模式来代替旧模式，从而在情绪能量层面发生改变的目的。当内在状态变得强大而稳定，我们就有足够的能量去面对复杂多变的外部环境的影响，从而展现出良好的情绪复原能力和领导行为的自控力。当我们再去学习各种领导能力提升的课程时，觉醒后的领导原力将更好地助力领导者能有意识地将学到的内容进行自我转化和应用。因为这样的转化和应用是基于个人在心智模式层面做到了转变，让思维模式得到了升级，因而会大大降低对于转化和应用的抵触情绪和心理免疫。

由于我们从小到大接受了无数何为"正确行为"的教育，让我们习惯了一种做法，叫行为上的"硬掰"。什么意思呢？比如我们拖延，就想办法让自己勤快一些；比如我们害怕迟到，那么就让自己早起一些；比如我们动不动就发火，那么就让自己心平气和一些。但其实这些都是道理，懂得道理也未必能落到行为上。因为对应曾经习惯的行为，我们在潜意识里已经发展出了一套自己的适应机制，如果要真正实现行为转变，不是去强化一两个关键行为就可以了，而是需要一套对应的机制进行替换。这个替换过程需要面对真实的自己、内在的喜好以及内在的恐惧，有方法地找到内在喜欢与恐惧的理由和背后假设的运行机制，从而逐渐走出舒适区，尝试新行动、获得新经验、强化新习惯。在模式的转变过程中，最难的不是行为本身，而是通过种种不适的情绪，去探究模式背后的信念系统，通过持续地修正假设从而实现真正的模式转变。

通过心智模式和情绪能量两个层面的转变，觉醒领导原力，让自己和自身具有的这个无限潜能得以联结，并且让原力的能量为自己所用。通过不断地联结原力，升级心智和情绪模式，获得面对复杂多变环境的制胜法宝——内心的能量永动机。

但是我们都知道，任何心理层面的转变都不是简单地开

动开关的过程，而是一个旅程，领导原力觉醒也是一个旅程，
这个旅程的名字叫"AWAKE"。

第三节　领导原力觉醒AWAKE模型

觉醒需要时间和协助，就像春天的大地需要阳光的照拂
和雨露的滋润，慢慢从冬日的冰冻中苏醒过来。领导原力这个
潜藏在最本质自我里的能量也需要一些时间和过程才能觉醒。

我的觉醒故事

几年前，我还在一家世界500强企业从事亚太区领导力
发展的工作。有一天，在结束了一场领导力培训课程后，我
接到了我的体检报告，报告上显示我的右侧甲状腺有个结节，
疑似恶性肿瘤。我当场就蒙了。然而我很快恢复了理智，心
里想的是要安排再次检查进行确诊，还想着如果需要手术，
我怎么安排手头的工作，怎么瞒住家里的老人和孩子。我压
抑着内心的担忧和恐惧，不断地告诫自己：你还有家人需要
你照顾，你是个专业的教练，你必须要快速调整自己的状态，
你必须要冷静应对这件事。

虽然心里知道自己要坚强，但是到夜深人静的时候，我

的心中未免还是会恐惧和担忧。我从一开始是抗拒接受这个"恐惧"情绪的，但是我的身体感受到了，我的胃里像堵了一块巨大的石头，好像甲状腺结节跑到了胃里，堵得很难受。在自我教练调整情绪的过程中，我发现胃部的感觉其实是情绪在身体里的反应，我越抗拒这个情绪，它反而更严重。而我之所以抗拒这个情绪，是因为我的教练"人设"。身为一个教练，我自己觉得我应该表现得理智而积极；面对负向情绪，"不应该"感到担心和害怕，我不应该表现出软弱的一面。

在那个瞬间，我突然意识到，我被自己的"教练人设"绑架了。当我突破了这个人设的束缚，而回归到那个真实的"我"时，我看到了自己面对疾病的恐惧，也看到了自己对不能再去肩负家庭责任的担忧。我问自己，如果我带着继续肩负责任、实现人生目标的眼光去看待这个潜在的疾病威胁时，这个威胁带给我的信息是什么？

它想告诉我的是：生命是宝贵的，也是无常的。正因为如此，我们更要活出自己生命的力量。

也许上天也听到了我心里发出的声音，复查过后疑似甲状腺结节被排除。但是因为这件事带给我的反思，我离开了工作25年的外企，开启了实现人生目标——激发个人和组织原力——的创业之旅。

领导原力觉醒AWAKE模型

　　我的觉醒是因为虚惊一场的"疾病预警"引发的反思，经由这样的反思，我更清晰了自己的人生目标，并在这个目标的指引下开始了不一样的事业。环顾很多人的觉醒，都是因为一些创伤或者灾难的经历，但是一定要经历创伤或者灾难才能觉醒吗？答案是否定的。我们也看到一些人在经历创伤或者灾难后一蹶不振，丧失信心。

　　"觉醒"的关键是要花时间深刻反思和倾听自己内心的声音。就像我前面所说的，领导原力觉醒是领导者内在转变的过程，而转变是发生在心理上的，转变的也不是外在环境，而是个人为了更好地适应环境的变化在个人层面所必须经历的心理过程。虽然每个人的心理转变过程都不尽相同，但是经过我们对管理学、心理学的研究以及对大量企业的教练实践之后，我发现领导原力觉醒的过程中是有规律可循，有方法可依据的。

　　作为教练[1]，我帮助了很多领导者实现了领导原力觉醒。很多人都说这个过程是他们个人蜕变的过程，并且在他们的领导原力觉醒后，他们在面对工作和生活的态度、行为都发生了很大的变化，继而实现了个人价值，成了生活和事业上的赢家。

1 教练作为一个长期伙伴，帮助客户最大限度地激发个人天赋潜能和职业潜力，实现个人价值，成为生活和事业上的赢家。——国际教练联盟ICF对"教练"的定义。

有些服务的客户虽然已经时间久远，但是他们的领导原力直到今天都还非常好地在支持着他们的工作和生活。

在1000多个小时的教练实践中，我总结出图2-2这个领导原力觉醒AWAKE模型。AWAKE的中文意思就是"觉醒"，这个单词的每一个字母代表了觉醒的一个步骤，五个字母代表五个步骤。觉醒是个过程，不是一蹴而就的，经过图2-2这五个步骤，领导原力才能从"封存"状态慢慢打开，完成萌发、清晰、蓄势，直至全力出击。在这个模型里，我们从心智模式和情绪能量两个维度来帮助领导者转变旧的，输入新的，形成稳定"心流"，最终实现领导原力的全面觉醒，并且

图2-2　领导原力觉醒AWAKE模型

展现出焕然一新的能量与行为。

第一步：放下防御，直面盲区

　　领导原力觉醒是领导者的内在转变，转变的基础就是发现自己需要转变的心智模式。但是心智模式隐藏在人们的心中，是不易被察觉和检视的，就像是心理学的一个理论"乔哈里视窗"——"自我意识的发现—反馈模型"中的"盲区"。"盲区"指的是自己不知道的一些个人特质、模式、行为。因为"盲区"，我们需要转变的一些妨碍发展的模式就无法被看见了。

　　其实最简单的方法就是通过别人的反馈来让我们开启对自己心智模式的觉察和检视。但是接受别人反馈是不容易的，通常对于自己没有意识到的个人的一些模式，我们天然地会有种自我保护的"生存本能"。谈到"生存本能"，我们必须说说这些本能是如何发生作用的。

　　（1）本能反应

　　我们大脑的结构极其复杂神秘，近现代医学研究发现大脑中有一个重要的组织——杏仁核，负责人们遇到威胁之后的预警反应。所以我们下意识的情绪产生、情绪调节，都离不开杏仁核，即使经过了漫长的进化过程，无论是低级的爬行动物还是高级的人类，杏仁核仍然是很多生物生存遇到威胁时的预警保障。由于生存的本能，我们的大脑每一秒会自动扫描周围环境5次来确定我们是否处在安全环境，一旦发现任何威胁，杏仁核就会发出指令让我们立即进入"准备战斗、躲避逃跑、僵住装死"的生存本能状态，也就是心理学所讲的"杏仁核被劫持"。当杏仁核被劫持时，我们理性大脑（前额叶皮层）的执行功能受阻，导致我们视野变得狭隘、创造力和解决问题的能力开始下降、无法进行换位思考、很难与他人沟通合作，所以就会出现各种像"口不择言""拍案而起""意气用事"的情况。

（2）防御背后的固定型心智模式

除了我们的生存本能会让我们容易受本能情绪的影响，无法直面盲区，在防御的行为背后还有更深层次的心智模式——固定型心智在阻碍着我们。固定型心智和成长型心智是一对截然相反的心智模式，前者认为，天才是与生俱来的，固守自己的天赋，不断证明自己的才能才是王道；而后者认为天才并非天生，人的能力是可以发展的，重要的不是证明自己有才干，而是不断地从对错误的反思中去提升和发展自己。因为受固定型心智模式的影响，很多领导者对自身的盲区视而不见，或者是有意回避，进而错失了从盲区中找到自我提升的机会。

虽然防御是一种本能，但是它在保护我们的同时也阻碍了我们。如果看不到自己的"盲区"，那我们会一直都在心理舒适区待着，转变就无从谈起。只有勇敢地暂停或卸下我们的防御,去正视我们的盲区,并勇敢地探索背后的模式与假设,我们才能迈上转变的旅程。

所以第一个步骤需要领导者觉察(Aware)、看见自己内在封存原力的情绪和心智模式,并且开始准备要去打破它。

第二步:感知情绪,接纳脆弱

我一直强调,领导原力觉醒是个心理过程——一个不断转变内在心智模式、情绪能量的过程。由于心智模式深受思维惯性和已有认知的局限,因此转变不会轻易发生。我们在转变旅程的第二站要解决的核心问题,就是树立对情绪体验的正确认知,让影响情绪的各种心智模式为我们所知、所见。这样我们就能打破抵抗"脆弱性"的情绪盔甲,更快地与真实自我内在的原力相遇。

(1)对于情绪的不知所措

情商(EQ)对于领导者的重要性已经得到大家的广泛认知,这个概念也是近几年领导力发展的重点之一。情商涵盖了对情绪的自我认知、自我调控、同理心、社交技能,还有内驱力等方面。要提升情商,首先要从自我认知开始。然而在实践中我发现,很多领导者对于掌握自我情绪的感知、理解、调控的工具相较于掌握其他管理工具而言是匮乏的。常见的情况是领导者无法准确描述情绪、缺乏描述情绪的词汇、无法快速感知个人的情绪变化、处理情绪的方式相对单

一、无法辨识情绪反应背后更深层次的情感需求……尤其是面对负向情绪时，很多领导者更倾向采取回避它的方式，害怕展现出个人的"脆弱性"。我所说的**"脆弱性"是指人们在面对巨大压力时，为了避免自尊心受到伤害而出现的各种自我保护的心理活动**，而不是泛指一个人无能、软弱。例如为了获得他人的认可，我们会尽量避免在不信任的人面前暴露自己的缺点；为了赢得他人的尊重，我们会努力展现出坚强的样子，哪怕内心早已崩溃不堪。这些自我保护的心理活动的成因是很复杂的，如果我们再深入地探索一下就会发现，心理活动背后或多或少都有一些没有被满足的自我内心需求，比如被爱、被肯定、被接纳、被认可、权利、掌控、自由……这些深层次的内心需求来自于真实自我层，是原力发出的信号。

（2）影响情绪的心智模式

我们对于情绪的反应，很大程度上受到了心智模式中很多信念的影响。这些信念就像凹凸镜一样会扭曲我们的认知，进而影响我们对于情绪的反应。这些认知上的凹凸镜到底是怎么形成的呢？

美国著名心理学家阿尔伯特·埃利斯在理性情绪疗法理论中指出，我们的心智模式中通常有一些非理性的人生信念，例如：太在意别人的评价，认为任何事情最好都能向着自己希望的方向发展，每个问题都应该有完美的解决方法……在这些非理性信念的影响下，一旦外在环境或者是事情的发展不如我们所想，它们就像凹凸镜一样对现实的情况做出曲解，从而让我们的情绪能量下降，我们会因此陷入愤怒、自责、焦虑等负向情绪里，进而影响我们的行为。

所以，只有在洞悉我们曾经不敢面对的真实自我"脆弱面"和它背后的情绪模式和情绪能量，通过情绪模式的转化，让这些隐性的能量得以释放，才有可能觉醒我们的领导原力。各种负向情绪就像是领导者内心盔甲上的裂缝，一方面裂缝是丑陋的、不堪一击的；但换个角度看，因为这些细微的裂缝，阳光可以照进内心，照亮那些被封存的原力，当裂缝越多，光亮就会越强，终有一日那些被封存的原力就会被唤醒。

这个过程是具备挑战且非常奇妙的，需要领导者勇敢地经历（Withstand）内心的考验去面对"真实"的自我。

第三步：建构意义，展现本真

领导原力觉醒的旅程也是不断向内探索的过程。当领导者发现盲区、提升了自我认知和对于情绪的掌控力后，面对来自外在的干扰，内在情绪状态的起伏也会逐渐变小。这时就需要我们进一步来倾听内心的声音，去拓展潜藏在内心最深处的价值源点——意义。

作为RUPT时代的领导者，在面对复杂多变、无法预测的环境考验时，难免压力重重，找不到意义感和方向感，所以更需要不断地在与环境、他人的互动过程中建构意义，获得强有力的精神动力。同时原力领导者的核心就是要活出真实自己的样子，而不是去成为别人眼中的自己。这就需要领导者在拓展意义之后，展现真实自我层里那些美好的特质、才干和潜能。

（1）建构意义

领导者都希望自己能获得成功，但是很多人在获得了成功，得到了荣誉、权力、财富后，反而感到空虚。那是因为这些外在的评价标准都和内心的意义感无关。反而当很多人回想起自己为了成功，全情投入地去做一件事情，或是和其他人一起为目标奋力拼搏的那些经历感到有意义和有价值，内心的满足感也油然而生。我们可以从过往的经历中和当下的挑战中去反思意义所在，并不断地和他人、和所做的事情以及未来更大的目标之间建立起深刻的联结，从而获得意义感。

意义不是他人赋予的，而是我们自己赋予、自己建构的。相同的一个经历，对于不同的人所产生的意义也不一样。同样是一段失败的经历，有的人会把这段经历看成是污点，会想尽量遗忘它，或者把它藏在记忆的深处，那这段经历的意义就是痛苦的回忆。但也有人会通过这段经历的反思，来发现成长的契机和方向，不断提醒自己不要重蹈覆辙。那这段经历的意义就是成长的阶梯。所以你想如何建构意义，完全取决于你自己。在我26年的职业生涯中，有很多失败的教练案例。过去对于这些失败的案例，我总是想把它们藏起来，不想去回忆。特别是在我的课堂上，我分享的都是我曾经辉煌的战绩。但是后来我意识到，我如果能早一点去反思那些失败的案例，探寻我自己的心智模式，并且有意识地去做出改变，那我的个人成长之路也许会更顺畅。

（2）展现本真

领导者的工作之一就是不断与他人和环境互动。员工最希望看到的领导者是个"真实"的个体——不装，不演，不高高在上无法接近，所以做领导者其实也是在做"自己"。但是很多人对于"做自己"有错误的认知，认为"做自己"就是可以随心所欲做自己想做的事情，不用顾及他人的感受和对环境的影响。在这个错误思维的影响下，很多人在行为上一味纵容自己的情绪和想法，成了一个以己为尊的自私鬼，忘记了在真实自我层里，我们还有很多内在的美好特质、才干、潜能，它们也需要我们通过合适的方式来展现。

在展现本真的同时，还需要清晰我们的价值观，并且能遵循价值观去做事。如果我们不清楚自己的价值观，就像在漫长的心灵旅程中没有指南针，非常容易走偏，同时也容易出现身心不合一的"别扭"感受。

在教练实践中，我遇到过很多被复制的领导者，他们以事业的成功作为目标，把别人的要求当成标准，一味地追求成功让他们更加害怕失败。对于一个领导者而言，你不可能成为任何一个你想成为的人，你只能成为真正的自己。建构自己的意义，展现本真的自我是产生卓越领导力的前提。

在领导者的成长之路上，可怕的不是暂时停下，而是停不下来。只要领导者可以停下来向内审视自己，一旦接纳了自己的脆弱，勇敢地面对了自己的真实，初心即会显现，意义随之而来。

拓展意义之后的领导者，那些封存的原力就会被唤醒，在这一时刻，领导者身上坚硬的盔甲就会蜕变成柔软、有弹性的软甲。就像好莱坞科幻电影中的"终结者"们，身上都会有一层坚韧且柔软的防护衣，可以随着环境随时改变，拥有丰富的灵活性和应变力，这时的领导者有强大的复原力，能够承受更大的风浪。

第四步：实现突破，体验成长

明确人生意义之后的领导者已经可以与领导原力同在，体会到领导原力所带来的内在能量，但这并不意味着领导原力会全部觉醒，只有在建构意义的过程中形成持续成长的常态，才能称之为领导原力的觉醒。所谓持续成长的常态就是从领导原力到行为实现了持续的正向循环，而这个过程中最重要的就是领导者对各种旧有模式的突破。

要实现行为的改变，其核心还是在心智模式上先有所调整和改变，让行为的改变有更坚实的基础，而非一味地"硬瓣"。这样的根本性改变，带来的是个人的心智模式不断趋向成熟和灵活。而心智模式的改变可以带来情绪能量的提升，让负向的情绪更易于转换成正向的，同时会呈现出更为灵活的行为，以适应更加复杂的外界环境。

如果把改变比作踩油门加速，心智模式的改变就是指在换挡之后再进行的加速动作，突破原有变速箱挡位速度的极限，才能迎来根本的改变。在领导原力觉醒之旅的第四站，我希望你能做到心智模式的真正转变。

（1）新经验的正向反馈

如果把心智模式比作鱼缸，我们就是鱼缸中的鱼，看似在无限的空间中自由自在地游动，但其实已经被一堵又一堵无形的墙隔在了有限的范围之内，鱼缸给了鱼生存的空间和条件，同样鱼也习惯了鱼缸的束缚。实现领导者心智模式的转变，我们不光要正视鱼缸的存在，还要用更好、更大的鱼缸来替换原有的鱼缸，这样才能使鱼儿拥有更广阔和良好的成长环境。

在《第五项修炼：心灵篇》一书中，奥托·夏莫教授在提及与国学大师南怀瑾讨论自我意识时曾谈道："自我意识的转变是非常困难的，在看似表面稳定的思想流里面有根深蒂固的习惯思维方式，其中包含了我们最基本的经验内容。"改变实际上是新经验替代旧经验的过程，心智模式的转变需要领导者在新的环境要求下对原有经验进行替换。只有新经验在大脑中建立了稳固的神经元与神经突触的回路，并获得正向结果的不断反馈，这些被强化了的新经验的感受就会留存下来，不断地产生激励我们行动的能量，长期坚持，新的模式就会替代原有模式。因此想要实现领导者心智模式的转变，就要进行大量基于新经验的刻意练习。

（2）心智模式转变了才能真正地成长

能实现心智转变的人，可以不断地审视自己的心智模式，分辨清楚哪些对自己的发展是阻碍，而哪些是助力。特别是当你不断培养自己的成长型心智后，你会更加坚定地认为，其实不用通过向他人证明我们足够好从而获得他人的喜爱、尊重，有些我们做的不够好的地方可能是由于我们暂时没能找到成功的方法，我们还需要尝试其他的策略。心智转变的领导者可以从不同的意见、建议中学习、反思和成长，他们认为"我命由我不由天"，没有什么不可能。这样的领导者看待改变、成长、他人的意见、挫折和失败的角度也会完全地转变，而心智模式转变所引发的行为的改变就更为顺理成章，不拧巴。

领导者心智模式上的转变实际上是不断走出心理舒适区的过程，这个过程不光需要认知上的升级，也需要情感上的支持，以及较强的内在驱动力。所以我们在领导原力觉醒的前三步——放下了防御、接纳了脆弱、明确了意义之后，就踏上了模式转变的实践旅程，只有从认知到行动以及心理感受上形成一个完整闭环，突破内心的心理舒适区，心智上的转变才能够真正地实现。心智模式转变后的领导者，领导原力会更加的稳定，而稳定的领导原力，让领导者更加的积极、开明，也更有勇气。

第五步：沉浸心流，稳固成果

我在第一章中曾拿一棵树来比喻领导者，领导原力是树根，领导者的内在状态是树干，领导行为是树的枝和叶。领导原力是领导者动力的来源，领导原力的觉醒，需要动力完成从树根到树干、从树枝到树叶流动，并形成持续的循环。这个持续的循环意味着我们能在与他人和环境的互动中，能有意识地去感知自己的情绪，觉察自己的心智模式是如何影响了情绪，并且能够通过转变和升级心智模式，来快速复原情绪。同时，因为自己的快速调整，能够展现出对他人和环境的同理心和有效的互动行为。

此时的领导者已经和自身的原力相联结，并且通过不断地觉醒原力，获得了满满的能量，也极度渴望能在原力的加持下获得个人的成功。然而我们还需要面对改变路上的三个"必须"拦路虎，它们分别是：**我必须、他人必须和环境必须**。这个"必须"背后隐藏着很多我们已经习以为常的一些限制性的信念和规条。例如：领导者希望能急速地获得自身的转变成长，并且通过自己的行为转变，看到更多身边人的改变和环境的改变，一旦不如自己所想所愿，内心就会着急、生气。殊不知，这样的"必须"思想反而是对我们转变的束缚。原力领导者不是完美领导者的代名词，他们能够随着环境的变化要求，不断地审视自己的心智模式是否适合当下的环境，一旦发现限制自己成长和发展的心智或者信念，会迅速地转变和突破，以期获得持续的成长。

　　领导原力的觉醒，让领导者有能量和方法不断打造稳定的内在状态，进而展现出有效的领导行为。这一切的实现，需要我们持续地对影响我们内在状态的心智模式和情绪有所觉察，并且利用那些能帮助我们转变心智模式的工具进行刻意练习，在积极寻求他人反馈和自我反思的基础上，持续进步。只有不断持续这种积极的生命体验，才能让领导者的原力源源不断从树根流到树叶并循环往复。这种领导原力的正态循环，就是原力真正的觉醒。

本章小结

　　"能使你改变的力量就在你身边，等待着进入你的体内。这种力量对你的爱是无条件的、毫无保留的，它甚至会任由你来选择是否接受它的存在。如果你选择了'不'，那么这种力量就白白流失掉了。"对于领导者而言，领导原力就是这种力量，它在等待着领导者褪下盔甲，找到意义，明确方向，勇敢地迈出自我突破的步伐。在心流的状态下，领导原力从封存到觉醒，最终和领导者最本质的自我相连，加持内在状态的转变。它让领导者能在急速、巨变、矛盾、缠结的环境中保持稳定而坚实的内在状态；它让领导者战胜环境的挑战，成为像绝地武士一样的赢家。

领导原力——领导者生命之树的根正牢牢地在泥土里伸展、壮大。

第三章

——

放下防御，直面盲区

领导原力觉醒是领导者自我探索的过程，也是领导者转变心智的旅程。**自我探索对很多人而言是个非常陌生的领域。自我探索过程中的第一关，就是对于"盲区"的探寻。**盲区是我们自己不知道而他人能看到的行为和特点，盲区中既有发展的阻碍，也潜藏着成长的机会。乔哈里视窗告诉我们，要了解盲区，最直接的方式就是寻求别人的反馈。然而在收到反馈时，我们的内心会发生各种各样的心理变化：是抗拒还是接纳，是纠结还是认可，是反思还是辩驳，这些都是领导者所需要面对的考验。

人类心理层面的"生存本能"，在一定程度上阻碍了我们对于盲区的探索。要突破盲区，就需要我们先看到是什么造成了我们的"盲区"，以及我们通常对于盲区的态度和行为有哪些。这样我们会更容易接受别人的反馈，同时不带防御地发现并直面盲区，让自我探索和转变的过程可以进行得深入而不痛苦。所以，领导原力觉醒的第一步就是要"放下防御，直面盲区"。

【本章阅读指南】

1. 领导原力觉醒中的第一个挑战是什么？

2. 领导者自我认知的盲区在哪里？

3. 我们是带着什么样的情绪面对盲区的？

4. 我们为什么不能直面盲区？

5. 如何通过松绑固定型心智模式来直面盲区，迈向成长？

图3-1　放下防御，直面盲区

第一节 "被动防御"的领导者

在北京北三环一座漂亮的写字楼会议室里，坐在会议桌对面的海奇，看着桌上翻开的笔记本，陷入了沉默。

海奇是一家大型民营企业的业务总监，半年前刚被提拔。如他所料，天下没有白来的升迁，晋升为总监之后的半年里，不光要管理的部门增加了，同时他还不得不接手过去并不熟悉的增值业务。海奇是一个管理基础业务的能手，人也非常聪明勤奋，业余还攻读了MBA。他一直认为天下无难事，只要肯努力。所以多管几个部门、一路晋升，是理所当然的事。

海奇的挑战

海奇过去的团队有40多人，这次晋升后又有两个部门转为由他来管理，算上增加的人，他管理的员工已经超过100人了。以前手底下员工以"80后"为主的年龄结构，现在则从"60后"到"90后"横跨了四个年龄段，管理难度大大增加。让他头疼的还不只这些，两个部门中，其中一个做的是增值业务，虽然他对增值业务有所了解，但没有实际管理过。

在海奇过去的职业规划中，是想把基础业务做熟做大之后，再向增值业务逐渐渗透和转化。伴随企业组织变革的一系列变化，让他始料未及，但也跃跃欲试。

上司给他的晋升理由很明确，一是海奇很拼、肯吃苦，有很大的提升空间；二是变革的过渡期，需要给年轻人更多的机会；三是组织变革需要更多的后备干部，希望海奇在升职之后还能发掘和培养更多的人才。

海奇的应对策略

虽然很是头疼，但海奇对自己成长路上的挑战还是有所准备的。他为自己应对眼前的难题准备了三个策略：

第一，增加与上司的连接深度，因为升迁是上司的决定，相信上司应该也有预备应对问题的解决方案，而且怎么也会"扶上马，送一程"，不会对海奇的困难不管不顾。

第二，做好详细的规划与设计，把管"人"与理"事"并行处理好，他相信"凡事预则立，不预则废"，他也相信自己的天赋与经验。

第三，他把这次的挑战当成证明自己实力的机会，他要全力搞定几个重要的客户，这样既能增加公司的信心，也能振奋团队的士气。

有了这三个策略，他的心里更有底了。

负面的消息

事与愿违，没出两个月，海奇的安排就遇到了挑战：一方面原本必须要拿下来的五个项目，已经丢了三个；另一方面部门里一些人开始在公司内网里吐槽团队的氛围，特别是海奇强势的管理风格。

起初，海奇对可能遇到的阻碍是有心理准备的，他也知道事情不可能一帆风顺。但这些状况真的出现了之后，他心里还是很难接受。他明明做了精心的策划，为什么还会失利？他对大家已经仁至义尽，为什么还会有这样那样的抱怨？海奇开始怀念自己身为业务经理时的游刃有余和悠闲自得。

上任后的这几个月，海奇忙前忙后，做了很多事情，他不认为公司还有比他更适合去接手眼前业务的人。在公司中层的管理会议上，针对其他部门的质疑和建议，他开始变得声色俱厉，然后给自己的上司发了一封长长的邮件，就几个月来自己辛苦的工作洋洋洒洒地陈述了一番。他想用自己亲历亲为的这些事实，来向上司证明自己这样做是对的。

让他不解的是，他的上司并没有像他期待的一样，帮他站台，给予他最有力的支持，而是给了他更多的负面反馈，这让他的压力更大了。

海奇的苦恼

在自己如此努力的情况下，依然得不到大家的理解和认同，还有很多质疑的声音，海奇很是郁闷。他认为公司高管只盯着业绩结果，却不给相应的支持。海奇觉得自己被孤立了，但他不能就这样忍气吞声，他要拿出实力，证明给他们看。

公司推荐海奇去参加领导力的培训，但是海奇觉得帮助有限。因为课堂上老师分享的方法和策略，他总是感觉不太对，还是缺了一些什么。有些内容他想拿来实际操作，却又怀疑老师是不是真的管过业务，如果做错了怎么办，他不能让目前的情况再雪上加霜了。

海奇不再愿意和同事、上司坦露他真实的情感和想法。因为哪怕是一点的质疑和不多的分歧，都会让他有很强的挫败感。

恶性循环

业务起起落落，虽然有捷报，但销售的业绩还是远低于经营的目标。眼看这个财年的时间不多了，海奇不能接受如此差的经营现状，他仍在一个人苦苦挣扎，内心暗暗发誓："功夫不负有心人，我一定要让情况好起来！"

第三季度的经营排行榜上，海奇所带领的团队成绩前所未有地进入了倒数行列，这是海奇操盘业务七年以来从没有发生过的，也是海奇无法面对的事实。在他看来，其他部门和老板支持的不够、资源匹配的不足，是导致现在局面的最主要原因。

海奇比以前更加多疑和敏感了，很少有人再和他坦诚沟通，他也只与身边几个一直说他好话的人走得越来越近。部门内部渐渐分成了几个群体，他们在海奇听不到的地方窃窃私语，这是海奇不愿看到的，他希望所有人都能一如既往地理解和支持他。

海奇的身体也开始出现这样那样的状况，有时会失眠得厉害，也很容易感冒，甚至有一次由于感冒引起的咳嗽持续了一个多月还不见好。

公司觉得海奇需要一个教练，来帮助他迅速跨过升职这个变化带来的挑战，希望他能快速成长起来。

我就是在这样的情况下开始成为海奇的教练的。

海奇的防御

在前两次与海奇会谈的过程中，海奇表现得很着急，希望我能给他些实用的建议，这样他就能快速地扭转局面了。作为教练我能感受到他的压力、焦虑和渴望成功的心情。但是在我看来，海奇面临的挑战是，他需要看到目前不成功背后的真正原因，而不是简单的建议，只有这样才能有助于他找到问题的"根本解"，否则，未来他在遇到其他问题时，还是会陷入茫然无措的状态。

虽然他的上司也给过他反馈，但是他觉得上司的反馈没有给他赋能反而打击了他。我知道，他需要一个他认可的客观角度来帮助他发现盲区，以及这些盲区背后的心智模式。于是我给了他直接反馈，例如：

——过去的胜利让海奇很自豪，他希望把过去胜利的经验进行更广泛的复制。

——对自己的天赋很自信，很多人也认为他聪明伶俐，这是他骄傲的理由，也是自己赖以成功的关键因素。

——非常不愿意面对失败，因为失败意味着无能。始终相信只要努力用心，他就可以证明给所有人看。

对于我的直接反馈，海奇马上开始了反驳。他一方面很惊讶自己的努力在他人眼里居然是"骄傲""自负"的代名词，另一方面他提出了很多的证据来证明自己不是这样的。看着情绪开始激烈的海奇，我知道探索"盲区"的机会到来了。

案例分析

我们如何来看待主人公海奇，他的问题出在哪里呢？也许你会说他已经达到了能力的极限，或者他并不适合这个岗位。作为教练，我经常会遇到和海奇相似的领导者，很多人都有着非常漂亮的履历，一路从员工升级做到了管理岗位，但是当他们要跃升到更高的管理层级时，就会遭遇各种各样的瓶颈。当他们坐到我面前的时候，我通常能从他们看似坚定的眼神里，看到内心那些隐隐约约的"怀疑""纠结""急切"。随着教练会谈的开展，我们一起发现了几个在领导原力还没有觉醒阶段的领导者常见的关键问题点：

1. 习惯用过去的经验应对新挑战；

2. 不接受别人的反馈，一味地追求证明自己；

3. 当压力不断增加时，会迅速陷入焦虑当中。

这些问题的出现，往往领导者个人都不会觉察，相反他们通常都会去找各种客观的原因，例如环境的影响、他人的问题等。想要解决这些问题，必须要看清问题背后的原因是什么。

第二节　固定型心智：领导者自我认知的盲区

就像海奇一样，要想真正地解决问题，就要放下防御、直面盲区、做出改变。而这恰恰是会让领导者感觉不舒服，甚至害怕的地方。

什么是盲区

　　人们常常被惯性思维所影响而不自知。人们只相信自己愿意相信的事，害怕面对别人对自己的真实反馈，因而看问题难免陷入经验主义或是合理化假设之中，这时就已经产生了认知盲区。早在20世纪50年代，乔瑟夫·勒夫（Joseph Luft）和哈里·英格拉姆（Harry Ingram）就提出了"乔哈里视窗"这个概念，也叫"自我意识的发现—反馈模型"。这个模型有一个非常重要的作用就是让人们更容易理解和区分自己的认知盲区。

　　如同图3-2所示，**盲区指的是别人知道，而自己不知道的部分**。每个人都会有盲区，但大小是各不相同的，越是能够接受外部真实反馈的人，盲区越小。这也就意味着，结合外部的反馈去探索盲区，可以帮助领导者看到很多自己不知道，但需要提高的地方。

　　一说到"盲区"，很多人的第一反应是，盲区与我解决问题有什么关系？大家认为，"我的弱点自己知道，谁没有个弱点呢，谁没有盲区，有盲区就做不了领导者吗？"我们很多客户的期待是，能向教练倾诉工作当中的困扰，听到教练的建议，然而对于我们提到的"直面盲区"却经常会有抵触。他们总会习惯性地认为，只要用自己的优势来弥补弱点，就能克服挑战，因为直面盲区会产生恐惧、焦虑、愤怒等情绪，而这些情绪会让他们感到不安。

图3-2　乔哈里视窗

为什么直面盲区如此困难

　　即使是我们的头脑理解"兼听则明"很重要，但是我们的内心却很难和头脑步调一致。因为维持良好的自尊才能更好地生存是人类的生存本能。

　　很多时候，外部的真实反馈中都会带有负面信息，而负面的反馈会让我们的自尊心和自信心受到影响，产生不安的感觉，甚至是觉得自己受到了威胁。正是这种不安的感觉让领导者面对"盲区"时会产生掩饰、躲避、排斥的应激反应，这些都是生存本能所带来的正常行为。正如我们已经知道的，我们大脑中有一个情绪的哨兵——"杏仁核"，它每秒钟都扫描周围环境5次，来保证我们处于安全的环境中。一旦杏仁核扫描到了危险信号，我们就会出现本能的"打，逃，僵"等行为反应。"打"是一种战斗模式，例如我们和他人争辩，互相Battle（争斗），这些都是"打"的反应；"逃"则是躲避模式，例如谈话中的敷衍了事；"僵"也可以看成是"装死"，例如不做回应、不理别人等，这些应对威胁的本能反应会"劫持"我们的理性大脑，让我们很难做出理性的行为。所以，"直面盲区"需要我们站在一个更客观的、更包容的角度来看待自己，拓展我们的安全地带。

在和海奇的谈话中，他坦言每当听到一些不是那么积极的反馈，或者当别人给他"建设性"反馈的时候，他就会产生不自觉的对抗。因为他一直认为自己很有天赋，很多人也认为他聪明伶俐，这是他骄傲的理由，也是他赖以成功的关键因素。当负面反馈来临时，海奇就进入到了防御状态——听不到别人反馈中的建设性观点，只觉得别人是妒忌他的天赋和才华才会这样说，"我需要奋起反击，才能保卫我的自尊！"海奇说到这里，我能明显感觉他的声音都变高了。当我将观察到的这个情况反馈给他时，海奇说："我自己怎么一点都没发现音调变高了？不过我倒是感觉胸口有点热。"这就是生存本能下最自然的防御反应，海奇终于明白了对于他人反馈他为何有那样的行为了。

盲区背后的固定型心智模式

人的心理防御机制会让盲区越来越稳固，也让人们形成了固定型心智模式，因为固定型心智模式符合防御机制对保持安全稳定心理状态的需要，而固定型心智模式是自我防御机制自动化运行的表现。斯坦福大学卡罗尔·德韦克（Carol Dweck）教授在《终身成长》中谈到，人们坚守固定型心智模式，一般都是出于某种原因，比如在人生中的某一时刻，固定型心智符合他的心理安全或自尊心的需要——固定型心智模式告诉人们他是谁，或者他想成为什么样的人（一个聪明有天赋的人），而且会告诉他，如何成为这个理想中的人（表现优秀）。这种模式能够为人们提供获得自尊心的方案，还可以让人们获得他人的喜爱和尊重。

精神病学家卡伦·霍尼（Karen Hormey）和卡尔·罗杰斯（Carl Rogers）在20世纪中期提出了有关儿童情感成长的重要理论，他们认为，当儿童不确定自己是否被父母认可时，就会产生焦虑情绪并且会感到迷茫和孤独。所以他们会想方设法来赢得父母的宠爱，从而获得安全感。霍尼和罗杰斯都发现：孩子为了做到这一点，会想象出另外一个"自己"——

一个父母可能会更喜欢的自己，并试图成为那样的自己。通常这种做法会给他们带来一定安全感和希望，但问题是，他们所创造出的这个新的"自己"会有很多全能、强大、更加优秀的标准。而父母眼中优秀的标准，会让他们成为固定型心智模式的人，随着时间的流逝，孩子就会认为这些特质就是他们的真实自我，所以就反复地努力证实自己具有这些特性，而这样的做法很有可能已经成为他们获得自尊的主要途径。

对很多领导者来说，也许从孩提时期起就被父母严格要求要事事争第一，要在德、智、体、美各个方面，面面俱佳，而且不管你多么努力，总有一个"邻家孩子"比你更优秀。所以为了获得父母、长辈、老师们的喜爱和认可，大家不断拼命维护这个"表现优秀"的自己，拼命地和别人比，来维持自尊。在踏上工作岗位和管理岗位后，又有一系列的要求让领导者有了"既定人设"，例如聪明、天赋、能干又全面……这些"人设"既是领导者孜孜不断追求的，也是自身形象的代表。当自身出现与之相反的行为，我们的固定型心智就会跳出来，维护自己的自尊。

领导者常见盲区

在拥有固定型心智模式的领导者的世界里，领导者必须高人一等、非常优秀，取得一个糟糕的业绩结果、错失了一个商业机会，或是被炒鱿鱼，这些都意味着自己不够聪明、不够有天赋。在固定型心智模式的影响下，很多领导者会陷入以下一些常见的行为"盲区"。

1."我必须成功，不能失败"

被固定型心智掌控的领导者急切盼望成功。他们在成功后感到的不仅是自豪，更会产生一种优越感，因为成功意味着他们固定不变的个人能力比其他人要强。在固定型心智模式的人眼里，所有的一切都是为了结果，如果你失败了，如果你不是最好的，那一切都是白费力气。因为渴望成功，所以就无法忍受挫折。挫折会给他们带来巨大的挫败感，在面对这样的感受时，固定型心智模式的人通常内心会自责、后悔，非常在意他人的看法，甚至会自我贬低。

在内心深处，他们还会把"我没有把这件事情做好"和"我不好"画上等号。这种想法会一直萦绕在他们心头，久而久之，就会形成一个思维惯性："不尝试就不会犯错，不犯错就能证明我是个有能力的人，是值得被尊重和爱的。"

所以拥有固定型心智模式的领导者不会从失败中学习并纠正自己的失败，相反，他们可能只是去尝试着修复自己的自尊，比如通常去与一个比自己更差的人做比较，会让他们好过很多。更多时候，他们会选择责备他人，或者找借口把错误和失败归罪于员工或者团队的其他成员，或者夸大挑战的难度等级，强调自己的努力……通过这些方式让自己避免直面失败。

2."我是团队中最重要的人"

　　固定型心智模式的领导者虽然嘴上说团队要多元化，招募比自己强的人很重要，但是他们的内心并不想要一个高手云集的团队。这在招聘的时候最明显，很多领导者在面对比自己优秀的候选人时是有顾虑的，因为他们觉得这样的员工会"恃才傲物"，不好管理。其实他们是害怕当别人拿自己和这样的员工做比较时，会败下阵来。**固定型心智模式的领导者想要成为团队里唯一重要的人，这样一来，他们在和周围的人比较时就会感到高人一等，领导别人的时候才会更游刃有余。**

3."都是别人的错"

　　很多固定型心智模式的领导者都认为需要改变的是别人而非自己，他们感觉自己有资格拥有更好的工作、更好的待遇、更好的发展……我们在不同的组织中，都能看见这样的领导者，他们拥有别人羡慕的学历和背景，可是他们老是在心里抱怨自己的老板有多愚蠢、有多无能，自己多么的怀才不遇。在日常工作中他们会经常不由自主地怼上司，在同事面前让上司下不来台，在更高的领导面前努力表现得比自己的上司更优秀，久而久之，别人给他们送了一个外号"刺头"。他们的上司觉得他们态度不端正，也就不再给机会，渐渐地他们被边缘化。当这样的事情发生时，他们心里会愤愤不平地想："他觉得我威胁到他的地位了，这样的老板不和他玩了，明天我就去找猎头。"

在固定型心智模式的影响下，领导者会表现得特别在意外部世界的声音、他人的评价与认可。比如关注"在别人眼中我是否足够聪明、能干""我和别人相比是否更胜一筹""我是否看起来是个完美无缺并且在组织中不可或缺的人才"等。也因为太过关注外部世界的声音，他们忽视了正确看待自身盲区的重要性，也无法接纳自己需要提升的事实，于是他们回避短板，躲在自己的舒适区里，放弃新的尝试，只在原来的行为上再用点力，试图通过这样的方式来面对工作和生活中的挑战。

"过去的已经过去，我们已经长大。"这是我们经常和那些被固定型心智模式所困扰的领导者说的。其实我们可以变得更强大，只需要打开思维的束缚捆绑，通过正视盲区，拥有让我们能更好地发展、成长的能量。

第三节　直面你的盲区：转变心智三步法

吉姆·柯林斯（Jim Collins）在其著作《从优秀到卓越》中提到，一些蓬勃发展的公司与其他公司之间最重要的区别**是拥有一个在任何情况下都能带领公司走向卓越的领导者**，这种领导者并不是指那些能力超常、魅力出众、非常自负且自认为是天才的人，而是那些谦虚、勇于不断提问并有能力面对残忍现实的人，也就是说面对失败——即使是自己的失败，他们依然能保持信念，相信自己最终可以成功。

直面盲区意味着领导者要对自己保持客观的认知，既不"妄自菲薄"，也不"自负骄傲"。能做到这点其实是挺不容易的。很多时候就算我们做好了心理准备，迎接那些真实的反馈，剖析自己的盲区，但心里还是会觉得很不舒服。因为直面盲区意味着领导者要走出安全地带，去面对自己所不知道的缺点与不足。

直面盲区要求我们给自己原有的心智模式进行松绑，把曾经保护过我们的固定型心智有意识地转化为支持我们持续进步的成长型心智。关于成长型心智，我们会在后文详细讲到。

如果我们能在内心植入成长型心智，那么我们在直面盲区时，就会多更多的勇气，对于建设性反馈的反应也会发生变化，比如会把这些反馈看成是学习的机会，从而避免"打、逃、僵"的本能防御反应出现。

　　冰冻三尺，非一日之寒，领导者的心智模式从"固定"转变到"成长"需要一个过程，我在这里给大家提供了思维松绑和转化的三个步骤，相信大家可以通过这三个步骤，扩展思维边界，并且为逐步深入地进入原力觉醒之旅做好充分的准备。

图3-3　领导原力觉醒AWAKE模型

第一步：观察

　　作为领导者，我们需要先对自己日常管理工作中基于生存本能的防御行为有所区分，才能更好地面对自己的盲区。

在了解了本能发生的人脑机制后，我们要学会辨识自己的防御行为。第一步就是请你观察一下在日常的工作当中，你有哪些行为是自己本能的防御应激反应——产生时很难控制，事后又让我们有些懊悔的行为。

观察是一个很有效的方法，它提供了一个中立的视角，让我们可以有机会看到自己在不经意间出现的类似"生存本能"的防御反应，否则我们就会在"自责—尝试改变—失败—自责"的怪圈里循环往复，无法自拔。

为了方便观察与归类，我为你准备了下面这个生存本能的行为清单作为参考：

"他人的错"——错误总是他人的，我没有问题；

"诋毁别人的能力"——说别人的坏话，特别指出别人能力的缺失，借此来抬高自己；

"谴责他人"——让别人承担责任，而不是自己负起责任；

"我自己做"——极度独立；

"玩政治"——操纵他人来达到个人的目的或转嫁责任给他人；

"自以为是"——认为自己的观点和做法都正确，不接受他人意见；

"找借口"——编故事，而不看数据信息；

"控制信息流"——控制信息以获得掌控权；

"固步自封"——不让自己接受新的挑战，不愿延展自己的能力，不想承担成长的风险；

"讽刺挖苦"——用讽刺的语言、语气说话，无法坦诚地说出心里的感受和担心；

"理智化"——不让他人和自己感受情绪，只做理性的思考、分析；

"强势"——控制，主导，不容置疑；

"装傻"——为了保证安全，不参与任何行动，不贡献任何想法；

"拉帮结派"——通过小团体结盟形成某种势力来区隔其他人；

"做好人"——为了展现自己的亲和力，不与他人做有可能伤害情感的沟通；

"逃跑"——从艰难的情境下逃走，避免承担责任；

……

这些防御行为虽然看起来都很负面，但我绝不是让你指责自己，只是想让你了解这些由于我们的生存本能所产生的应激反应，每个人或多或少都会有一些。只有正视它们，并清晰地知道背后的原因，我们才有可能接纳并改变。

【练习1】

现在，我邀请你在一张纸上记录下你在日常工作中出现的防御行为，在回忆的时候要注意把这些防御行为出现的场景也记录下来，同时反思一下，这样的行为对于自己的保护是什么、对于和他人关系的危害是什么。经过这样的分析，我们就会对防御行为既是保护也是伤害有切实的理解了。你可以根据我提供的例子，来做自我分析。请注意，这个练习不是要你自我责备，而是要客观地看到防御行为的两面性。

工作场景	防御行为	保护	危害
上司给我负面的反馈	"找借口"——列举各种理由 "他人的错"——把错误推到其他部门，或者其他人身上	"面子" "自尊"	无法看到反馈中的中肯意见，错失了成长的机会
工作压力大时	"强势"——必须听我的，不能容忍他人的反对意见	"权威感"	无法激发群体的智慧
遇到挑战时	"固步自封"——找理由回避挑战	"自尊"	无法从挑战中拓展自己的能力
……	……	……	……

第二步：探寻

这一步需要我们找到防御行为背后的固定型心智模式，有些固定型心智模式已经成了我们的习惯。寻找的过程中我们要不带评判地与内心进行真实对话，才能更好地找到它。惯性心智与我们的人生过往的重要经历有关，很有可能它曾帮我们渡过了很多难过的坎，成为我们自身的一部分，很多时候我们根本不会在意到它，而它却时时刻刻影响着我们。

我们的主人公海奇曾经也尝试做出改变，在管理上放权，想要更多地听取团队成员的建议，不再独断专行，并在部门会议上向大家做出了承诺。但很快大家就发现，想要改变的海奇仍会有意无意地在别人的建议之后加上自己的评论与解释。给他建议的人总觉得让大家提建议只是海奇的套路，其实他的内心早就有了决定。

在教练对话当中，海奇逐渐发现，一直有一个惯性心智在影响他，但他却没有在意——那就是"作为领导者必须要比自己的下属强，如果有不如的地方，是领导者的无能"。基于这个惯性心智，海奇有意无意地在别人的建议之后附以评论，不会让身为领导者的自己感到难堪。

在这种"领导者必须要比下属强"的心智模式下，海奇有了很高的自我要求，对人对事都竭尽心力做到了高标准。但也正是这个心智模式，让海奇形成拿自己的优势去和别人对比的习惯，尤其关注别人做得不够好的地方，而对别人的闪光点视而不见。时间长了，有的下属确实在这样的激励下成长了起来，但是越来越多的下属觉得上司实在太严苛了，自己无论多努力也达不到他的标准，同时有好的想法和建议也不敢提，因为提了也没用。大家就此心灰意冷，尽量照着海奇的要求去做，可是士气却每况愈下，团队整体成长速度也很慢。

同样，海奇还有另外一个固定型心智，就是"失败意味着我是笨蛋"。他害怕失败，也害怕让人看到自己的失败。久而久之，这种固定型心智让海奇固步自封，不敢看自己的盲区，更不接纳别人的反馈。

要发现阻碍我们理性思维的固定型心智模式，需要我们有一个旁观者的角度。放下评判，旁观自己的情绪，去看清这些情绪的后面自己被什么样的心智模式所影响。

【练习2】

邀请你的同事或者下属给你一些具体的反馈，特别是阻碍你发展与成长的一些"盲区"。

针对这些反馈意见，反思一下自己行为背后是什么样的固定型心智模式。

工作场景	防御行为	固定型心智
工作压力大时	"强势" ——必须听我的，不能容忍他人的反对意见	我的聪明智慧不容置疑，下属的认知水平不够
……	……	……

第三步：松绑、植入

当我们能站到一个旁观者的视角去观察自己时，你对事情的观点和看法很可能会变得不一样，也更加有机会去挑战自己的固定型心智模式。我在实践中经常会提出各种"灵魂拷问"来挑战客户的观点和想法。每到这个时候，客户经常说，"你这个问题我从来没想过，不过确实是个好问题"。大家也可以通过一些自我提问来挑战自己，例如：

是什么让我有了这样的看法？

这些看法得到验证了吗？

这些观点适合所有场景吗？

什么时候这样的想法不再适用呢？

我到底在坚守什么？

我真正需要的是什么？

通过回答这些问题，你会有机会发现自己的一些固定型思维模式。但前提是，你必须进行认真思考后才可以坦诚地回答这些问题。如果你发现自己没有答案，那也没有关系，继续探寻答案即可。通过寻找答案的过程，你也许会对自己的心智模式有了更深入的洞察。

通过挑战我们的固定型心智模式，我们可以逐渐摆脱对其的依赖，有机会通过植入、培养成长型心智模式来逐渐替代固定型心智模式。伴随着领导原力的觉醒，这些新植入的模式可以逐渐成为支持领导者持续发展与成长的更有效的心智模式。下面是几个常见的可植入的成长型心智模式的具体描述。

1. 从"我必须成功，不能失败"到"从失败中学习"

在固定型心智模式下，成功意味着证明了自己的能力和天赋，高人一筹。但是在 RUPT 时代，很多人的成功都是暂时的，每一天都可能有新的挑战出现，有很多以前从未遇到过的困难摆在我们面前，昨天证明过的能力并不能解决今天的问题。就像我们的主人公海奇，他希望能不断证明自己的能力，获得别人的认可，可是最后却身心疲惫。如果海奇从成长型心智角度出发，他可以告诉自己："每个人对于成功的定义和看法都不同，我无须通过成功向别人证明我值得被尊重和爱，人生很长，我过去所取得的成功是我过往一系列努力的结果。而今天挑战不同了，我需要重新思考用何种方式去努力才能让我继续获得成长。"

正如我在前面分析的固定型心智模式下领导者的各种表现和内心独白。固定型心智模式者会对每一个信息做一次强烈的评估，如果是好事，他们就会贴上一个积极的标签，反之如果是坏事就会给他们带来消极的影响。成长型心智模式下的领导者同样经常观察身边发生的事，但他们的内心独白与批判自己和他人无关，他们更注重这个信息在学习和行为方面能带来什么建设性的推动。

他们的内心独白是这样的："我能从中学到什么呢？我怎么做才能提高？我怎么做才能让我的同伴做得更好？"这样的领导者会打破"我没做好就意味着我不够好"这个惯性思维，能客观地看待自己的失败，从中找到可以学习和提升的地方。

每次遇到挫折的时候，你不妨对自己说："失败真的让人很难过和沮丧，但是一次的失败并不意味着永远，也不意味着我就是个糟糕的人。只是这次我没有做好，或者我暂时还没有找到成功的方法。下一次我可以做得更好。通过这次的失败，我能学到什么呢？"

你会不会担心这样和自己讲，会让自己有找借口的嫌疑？我们要对自己仁慈一点，适当的自我批评是可以的，过度就是自我摧残了。**我们无须做自己的"差评师"，我们要做自己的"成长教练"。**就像我现在在帮你做的一样。

2. 从"我是团队中最重要的人"到"团队的每一个人都重要"

固定型心智模式的领导者想要成为团队里最重要的人，这样一来，他们在和周围的人比较时就会感到高人一等，就可以维持他们内心"我就是有天赋，你们都不行"的优越感。但是成长型心智的领导者，他们会特别重视团队其他人的贡献，从不把自己看成是团队中唯一重要的人。

在电影《萨利机长》中，前美国空军飞行员切斯利·萨伦伯格（Chesley Sullenberger）执飞全美航空 1549 号航班，从纽约飞往北卡罗来纳州。这架空中客车 A320-214 飞机起飞爬升过程中遭遇加拿大黑雁撞击，导致两具引擎同时熄火，飞机完全失去动力，切斯利·萨伦伯格确认无法到达任何附近机场后，决定在哈德逊河河面上进行迫降，最后 155 名乘客和机组人员全部生还，萨利机长成为大英雄。影片最后，萨利机长说了这样一段话："不只是我一个人的功劳，是我们所有人的——乘客、救援人员、空管人员、轮渡船员，还有警局潜水小队，我们都尽了一份力，这才是我们能够幸存下来的原因。"萨利机长在听证会中途休息时，对副机长说："听了录音你有什么想法？我感到无比自豪，我们在危急时刻相互配合，我们缺一不可。谢谢你，我们恪尽职守了。"萨利机长很好地展示了"团队中每个人都重要"的成长型心智模式。

如果我们前面故事的主人公海奇看到自己"不愿意被别人抢了风头"这个想法背后的固定型心智模式，并且加以改变的话，相信他会虚心向其他人请教，并且利用团队的优势来获得成功而非执着于他自己的"个人英雄主义"。这样的海奇会更可爱，赢得更多团队成员的支持。

3. 从"都是别人的错"到"改变从我开始"

很多拥有固定型心智模式的领导者都认为需要改变的是他人，是世界而非自己。在英国威斯敏斯特教堂地下室里，英国圣公会主教的墓碑上写着这样一段话：

> 当我年轻自由的时候，我的想象力没有任何局限，我梦想改变这个世界。当我渐渐成熟明智的时候，我发现这个世界是不可能改变的，于是我将眼光放得短浅了一些，那就只改变我的国家吧！但我的国家似乎也是我无法改变的。当我到了迟暮之年，抱着最后一丝努力的希望，我决定只改变我的家庭、我亲近的人——但是，唉！他们根本不接受改变。现在在我临终之际，我才突然意识到——
>
> 如果起初我只改变自己，接着我就可以依次改变我的家人；然后，在他们的激发和鼓励下，我也许就能改变我的国家。再接下来，谁又知道呢，也许我连整个世界都可以改变。

这也是孟子所说的"行有不得，反求诸己"。所以如果领导者从自身出发，带着成长的眼光看待自己，那我们就可以对别人多一点宽容，对自己多一点耐心。

从心理学上讲，你不喜欢一个人，是因为你自己身上有和对方一样的特质，但是在潜意识中，你认为那种特质是"不好的"，而承认自己"不好"这种想法太痛苦，于是被自我压制，转而采取将"不好"转嫁到别人身上来缓解自己的焦虑。这就是**心理投射**。通过这样的操作，人们扔掉了自身讨厌的部分，保持了"我足够好"的自我感觉，并通过抨击他人获得一种优越感。所以，希望别人改变来满足自己就变得顺理成章了。可是我们无法改变别人，哪怕是你身边最亲近的人。"反求诸己"需要很大的勇气，拥有成长型心智模式的领导者具备这样的勇气，因为在他们的内心，他们从来不和别人去比较，他们更关注自己每一步的改变与成长，只想跑赢前一秒的自己。

美国《国家地理》杂志著名的世界级摄影师德威特·琼斯（Dewitt Jones）曾说过："我们不需要打败别人、证明自己才会成功，而是每天尽心尽力地自我成长，改进我的技能，增长我的智慧，专注实现我的愿景，最后我发现唯一需要超越的人，是我自己。"

【练习3】

针对练习2中发现的"固定型心智模式"，写出转化后的

"成长型心智"。

工作场景	防御行为	固定型心智模式	成长型心智模式
工作压力大时	"强势" ——必须听我的，不能容忍他人的反对意见	——我的聪明智慧不容置疑 ——下属的认知水平不够	——我的知识体系也不全面 ——群体的智慧一定大于我一个人

以上三个直面盲区的步骤，是一个循环过程，每一步都有它重要的价值，并且可能根据需要重复发生，但只要能够持续地进行练习，相信用不了多久，你会越来越多地发现自己的各种可能性。

本章小结

直面盲区的过程就是我们给自己的心智模式松绑的过程。我们通过"转变心智三步法"这个工具来帮助领导者放下防御，发现盲区。当成长型心智模式取代了固定型心智模式的时候，我们不用通过向他人证明我们足够好从而获得他人的喜爱和尊重。对于我们自己没有看到的、做得不够好的"盲区"，我们不再会感觉害怕、焦虑或者羞愧，而是可以客观地告诉自己，我们暂时没能找到成功的方法，我们还需要尝试其他的策略。总之，成长型心智模式让我们可以从不同视角的反馈中发现盲区从而进一步地去调整与改善。

彼得·圣吉在《第五项修炼：心灵篇》里，提到过南怀瑾大师对于领导者如何修身成人的经典语录："在表面稳定的思想流里面有根深蒂固的思维方式，它决定着我们最基本的经验内容和信念，包括通常的自我观念。但是思想观念不是自我，不是这个人，念头是老变的。在切断了日常的杂念并接触到深层后，就会出现静和安，你就会抛弃习惯的自我观念了。"

领导者放下防御、直面盲区的过程就是南怀瑾大师谈到的看见自己思维观念、切断杂念的过程。这个过程越深入，就越能打开最本质自我外面的保护层的封锁，让领导原力从封存中慢慢苏醒，为进一步的觉醒打下坚实基础。

行动计划

设定有效行动计划的方法

在之后的领导原力觉醒之旅的每一章中（第三章至第七章），我都会邀请大家做一个属于自己的21天行动计划，因为行为的转化需要积累大量的新经验和新体验。我在实践中发现，实现良好的行动计划是不容易的，大家会遇到各种挑战，所以这就需要我们善用大脑机制来帮助实现计划。

很多人并不清楚智力及其运作方式，所以会认为大脑是个神秘的器官，但随着脑神经科学的发展，人类对大脑神经的研究越来越深入。新的研究成果显示，大脑更像肌肉，它会发生改变，你越使用它，它就变得越强壮。因为学习新事物时，大脑里的那些微小神经元的连接会增加，你使用大脑越多，神经元的连接就会变得更强壮。你越挑战自己的心智模式去进行学习，你的大脑细胞就会越多。

我们做出改变，尝试新的做法，就是在构建新的神经元之间的连接。当你不断刻意练习的时候，这些新的神经元之间的连接就会变得更加粗壮。刚开始，那些连接的粗细就像羊肠小道，随着练习的增加，就会扩大到二车道、四车道、八车道。而那些支撑原来的行为模式的脑神经元连接就会失效，新的行为改变就会发生。所以我们要利用大脑的工作原理来制订行动计划，并且让这一行动计划不需要你花费太多的毅力就能自然地被执行。

我们制订计划之所以未能执行，往往因为我们过去的方法大都需要个人的意志力来做保证，例如，每天走10000步，一周读一本书等。

为了更好地执行行动计划，我在这里向你推荐纽约大学心理学教授彼得·高尔威泽（Peter Gollwitzer）的执行方法，他根据自己在美国和德国开展的研究，总结出了一个行动计划——WOOP方法。这个方法的核心是在计划和行动之间建立一个"**触发器**"，它并不会消耗你的意志力，而是当条件到达时，自动触发动作。这个方法的巧妙之处在于，它通过建立大脑中行动和结果的连接，对阻碍行动发生的各种障碍进行提前预测与规划，并通过频繁的训练，最终形成一种生理本能。

WOOP行动计划

WOOP行动计划具体有四个步骤：

1. Wish，愿望或目标。设定一个内心渴望的、具体可行并有挑战性的目标。

2. Outcome，结果。想象实现目标或愿望后满足的状态，越具体越好。

3. Obstacle，障碍。列出实现目标的过程中会遇到的困难清单。

4. Plan，计划。用"if / then"写出应对困难的行动计划。

第四步非常关键，"if / then"就是采用"如果—就"句式，详细列明你希望在什么时间、什么地点以怎样的方式实现怎样的目标。

举个例子，如果你想要改掉在工作疲惫时控制不住发火的坏习惯，那么这个计划就可以这么写：

如果每天工作疲惫想发火了，那就立刻做5个深呼吸。

注意，"如果"这个词后面，跟着的是触发某个行为的环境和条件；"就"这个词后面，跟着的是你会希望相应采取的新行动。

WOOP行动计划案例示意

下面这个案例可以帮助我们来理解如何使用WOOP行动计划这个工具。假设你有一个目标，就是想转变你的惯性模式，提升自己直面盲区的能力，你可以这样使用WOOP方法：

W：当别人给我负面反馈时，我能耐心倾听，同时觉察并调控自己的防御反应。

O：当我能心平气和地接纳负面反馈时，那些阻碍我成长的"盲区"会成为我成长的起点，我就可以成为更好的自己。

O：不敢问，脾气急，情绪反应快，不接受自己的盲区。

P：向上司汇报工作时，最后五分钟邀请他给自己一个关于个人"盲区"的反馈。

如果在听取别人反馈时出现心里不舒服的情况，马上悄悄地做5次深呼吸。

当邀请别人给予负面反馈时，至少问三个问题：

1.我在什么情况下经常出现这种行为？

2.这样的行为对你们的影响是什么？

3.你期待我怎么做呢？

当梳理自己的盲区时，问自己四个问题：

1.这个反馈对我意味着什么呢？

2.我出现这种防御行为的时候，我真正担心或者害怕的是什么呢？

3.在这些担心或者害怕背后是一种什么样的"固定型心智"在阻碍我呢？

4.如果相似的情况再发生，我如何利用"成长型心智模式"做出不一样的行为呢？

【提示】你可以根据计划实施过程中出现的各种之前没有预料到的情况增补你的 if / then 清单。

你的发现计划

在接下来的21天内，请你认真思考一下，你想如何直面你的认知盲区，并且利用下面的表格来帮助你真正达成。

计划人：

Wish，愿望或目标	
Outcome，结果	
Obstacle，障碍	
Plan，计划（如果，就）	

21天计划表格

你可以每天在表格里填写计划达成或者没有达成。如果达成，你可以画一个笑脸；如果没有达成，那么写下未达成的原因，同时反思一下，第二天如何能保证达成。如果连续3天以上因为同样的原因没有达成计划，那你就得思考一下，是否需要修改计划，把这个原因也考虑进去，重新设计一个新的"如果，就"计划。

行动	第①天	第②天	第③天	第④天	第⑤天	第⑥天	第⑦天

行动	第①天	第②天	第③天	第④天	第⑤天	第⑥天	第⑦天

行动	第①天	第②天	第③天	第④天	第⑤天	第⑥天	第⑦天

第四章

感知情绪，接纳脆弱

当我们能直面盲区后，我们的内心也渐渐打开了，但是更大的挑战也在等待着我们——那就是如何突破通往真实自我层的第二个屏障：脆弱敏感层。

按以往所知，作为领导者的我们就是要规避脆弱啊，领导者不就是需要一颗强大的内心吗？是的，"强大"是领导者一直孜孜不倦追求的。作为领导者，世俗的观念要求我们强大无畏、坚不可摧。领导者普遍遵循的标准是控制情感、工作优先、追求卓越。然而，各种不确定的外界环境，会时时影响我们的内心感受，让我们有可能呈现出情感上的脆弱性。

我在第二章提到过，我所说的**脆弱性是指面对外部环境带来的巨大压力时，人们为了维持自尊而产生的各种自我保**

护的心理反应。学习如何感知和接纳脆弱性带来的各种情绪反应，能让我们不会过度沉溺于低落的情绪感受中，而是有机会变成更积极的情绪状态。经过对情绪反应的深入理解，我们将获得转变低落情绪的机会，提升我们的情绪复原力。

　　快速的情绪复原力对于领导者而言，是打造稳定内在状态的重要保障，就如同让敏感脆弱层的盔甲蜕变为柔软、可塑性非常强的保护膜一样。这层保护膜能让领导者既获得对情绪的敏锐感知，又能及时复原情绪。

　　接纳脆弱性的情绪感受需要我们能对自己有仁慈心，并且通过客观的自我评价维持恰当的自尊，以及去探寻情绪背后的深层次需求。这样我们就有机会从脆弱性的情绪反应中，找到翻转与复原的契机，并获得更多的积极能量。

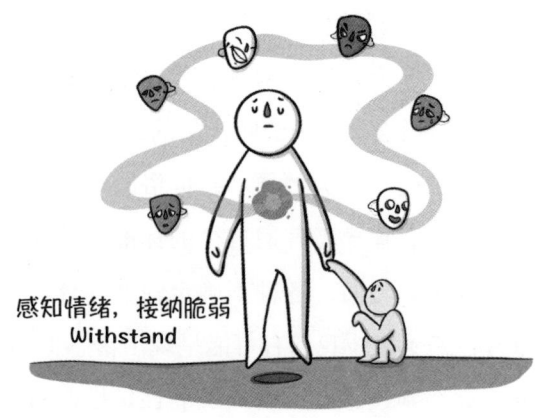

图4-1　感知情绪，接纳脆弱

【 本章阅读指南 】

1.领导原力觉醒中的第二个挑战是什么？

2.领导者自我觉察的隐藏区在哪里？

3.我们应该带着什么样的情绪看待隐藏区？

4.为什么我们无法调控脆弱性引发的负向情绪？

5.我们应该如何正确看待脆弱性？

6.如何通过情绪接纳四步法，来接纳脆弱、觉察自我？

第一节　"受情绪困扰"的领导者

　　叶峰是一个技术出身的领导者，金色眼镜框后的眼神总是坚定和沉静。他是组织里的高潜力人才之一，而为了帮助这些有潜力的年轻人成长为出色的未来领导者，这个组织邀请我作为这些高潜力人才的教练。距上次教练会谈已经两个月过去了，当好不容易再次约上叶峰的时间，坐到会议室里，叶峰的状态让我还是有些担心——他的脸上满是疲惫，鬓角处的白发比上次见面时多了很多。

　　我让叶峰做了三分钟的深呼吸，这是我在教练会谈开始时经常会让客户做的动作，这样的深呼吸可以让他们的大脑得到片刻的休息，可以更为集中地进入我们接下来的会谈中。在叶峰做深呼吸的时候，我能感觉到他身体的僵硬。他在椅

子上微微扭动了一下身体,想让自己尽量放松一些。三分钟后,
叶峰开始讲述他最近这段时间的情况。

倔强的完美主义

对于叶峰来说,这段时间是他职业生涯中最艰难的一个
时期,他内外交困、举步维艰。作为IT上市公司的技术中心
负责人,让他最郁闷的是公司转型战略所带来的困境,最明
显的一个表现是——技术中心俨然已成了公司的枢纽部门,
所有的"应急"情况几乎都与技术中心有关:用户部门的投诉、
内部系统的升级、产品部门的甩锅、竞争对手挖墙脚……

无数次夜深人静的时刻,他都暗暗地对自己说:无论如
何也要过了这一关,他不能将多年积累的声誉付之东流,即
使困难再多也要咬牙挺住,哪怕只剩自己孤军奋战,他也决
不放弃。

××银行的项目让他已经第三次被客户指着鼻子批评,
把投诉升级到技术负责人那里的策略,似乎已成了客户部门
解决客户问题的最有效方法。让叶峰无奈的是,这个项目中
同样的技术问题确实已经出现过几次了,加上客户的指责,
所以叶峰经过短暂的思考之后开掉了自己的一名手下爱将。
他认为下属一定在这个过程中有不可推卸的责任,同时这么
做也是给业务部和客户表明自己的态度——"关键时刻掉链

子，没有任何借口可以讲！"但事后叶峰还是有些懊悔，他知道下属可能只是客户关系恶化的背锅者，自己这么做很可能有失公允……他很快给了自己一个合理的解释——总要给客户一个交代，开人是最简单有效的办法了。他也相信下属应该知道他的难处，能够谅解他的苦衷。同时，他对自己的负向情绪也很不爽——患得患失，怎么独当一面？此后，叶峰再不愿别人提及此事，不想让人看到他内心的真实感受。

"矫情"是这两年他最不喜欢听到的词，难道追求完美有错吗？作为一个技术工作者来说，匠人精神是终身的信仰，产品质量不能在任何时候打折扣。他觉得叶峰出品必属精品，产品升级的时候更要一丝不苟。在××石油定制产品上线的那个月，项目组有一半儿的技术人员都累倒了，甚至为了防止意外发生，速效救心丸都成了办公室常备药品。看着团队伙伴忙到心力憔悴，叶峰总有隐隐的愧疚之情，但为了部门的荣誉，特殊时期只能特殊对待，再坚持一段时间，困难就会过去的。

被压抑的感受

叶峰与CEO李总在大学时就读同一所名校，从加入公司那一天起就互相帮衬，彼此心照不宣。但从今年技术中心从"后队"变"前队"之后，叶峰对于李总的埋怨开始多了起来。站在公司的角度，叶峰接受公司客户导向的战略调整，但在他的认知中，客户导向并不等于把公司多年的技术积累贬值对待，劳苦功高的技术中心不能让人就这么随便地呼来唤去、指指点点。但更让他嗔怪的是，为什么性格更为外向的李总不主动来找他解释和安抚，而是让他像苦行僧一样默默承受这些压力呢？慢慢地，虽然没有人前的争执，但在他内心已经有了对李总明显的隔阂。尤其是在××银行的项目上，明明是业务部门没有处理好与客户高层的关系，出现了技术问题就把全部后果全推到技术中心身上了。高管会议上关于此事的讨论，他认为李总有明显的偏袒，但他还是控制住了自己的情绪，心里暗暗想："这样做只会让技术中心变成众矢之的，总有一天你们会知道我说的是对的。"

与产品部和客户部的PK几乎是叶峰每周都必须要进行的艰苦战斗。由于公司对几个大项目势在必得，售前技术人员不够的时候，产品部门总惦记着让技术中心的工程师也参与一线战斗。为此产品部的负责人多次给叶峰发邮件，叶峰每次都会委婉拒绝。本来技术中心的事就层出不穷，分身乏术，产品部还添乱，不过他心里虽然暗暗不爽，却并不想与产品部进行激烈的争执。但事与愿违，后来产品部又转给叶峰一封李总表示同意的邮件，说："老板已同意借人，你技术中心的人不借也得借！"叶峰努力克制的情绪一下就被激怒了，气鼓鼓地撞开了产品部的门吼道："明明是两个部门之间可以协调的事，你们非得拿老板来压我，休想！"叶峰用力地拍着桌子，"你们有本事就把人都借走，以后技术中心就交给你们管算了！"

事后，叶峰被自己的歇斯底里吓到了，这不是他一贯斯文、沉静的样子，他开始怀疑自己驾驭情绪的能力——以前从来没有被琐事激怒过的他，竟然也会在办公室里大喊大叫。

波动的情绪

为了重头产品的集中上线，技术中心迅速扩招了数十人，但研发的效率并没有怎么提升，bug（漏洞）的数量却是与日俱增。这让叶峰很是不满，他认为 HR（人力资源）的招聘工作太不负责了，招进来的人良莠不齐，根本没法马上填补空缺，甚至有的新人都是在帮倒忙，追求完美的他只能让自己盯得更紧了。叶峰的项目管理软件里从来没有同时出现过这么多的管理提醒和审批申请，过去电子日历上一层的活动安排，现在都被摞成了三层。除了大的决策，很多小事也让他越发心烦，每天连吃饭的时候也会被各种急事骚扰。从前叶峰办公室一直敞开的门，现在被他关得死死的，他不想让别人看到他越来越差的脸色。

"996"的工作强度让叶峰被迫改变了坚持三年的运动习惯——每周的游泳和打球，只能用偶尔的步行来替代。曾经开始好转的颈椎病又进一步恶化，有时工作中都不得不让自己站起来走一走来缓解后背的疼痛。晚上瘫在床上虽然身心俱疲，但大脑的发条似乎还在拼命地运行，他经常辗转反侧，不能入睡。在个人形象上，叶峰最爱惜的就是自己的不算茂密但黝黑的头发，本来技术的工作就让他担心自己会"秃如其来"，而现在每天不断脱发，更加让他心里不是滋味。

在家里，老婆不止一次和叶峰讲，说他像是变了一个人，一进家门就眉头紧锁，稍有不顺就肝火上升，大声呵斥。孩子也开始小声抱怨："爸爸工作特别忙，每天我们都盼着爸爸能早点回来，但爸爸一回家，家里就充满了火药味，像是多了无数颗随时都会引爆的炸弹。"叶峰也有委屈："我这还是在车库里待了十几分钟，收发完邮件，平复了自己的情绪才上楼的……"当然，每次发火后，叶峰也很内疚和自责，要求自己一定要好好克制情绪，不再对家人发泄。可是，越不想发火越容易发火，这种发火、内疚、再发火的模式，循环往复，严重影响了他和家人的关系。

袒露心扉的对话

当叶峰讲完他的情况后，我们把会谈的地点挪到了户外，因为他需要抽支烟来放松一下。虽然在我看来这不是放松的好方法，可是在那个时间点又确实是他需要的。我问叶峰：

"你如何看待最近自己的这些状况？"叶峰有点踌躇地表示，自己也不想这样，但就是控制不住自己的脾气，有时他也觉得挺不好意思的，甚至有点自责，觉得自己不是个好领导、好先生和好父亲。但更多的时候，他内心充满愤怒和抱怨：为何自己的努力不能被他人接受？为何压力总是在他一个人身上？

　　我由衷地感谢叶峰的坦诚和信任。我知道这样袒露内心，对于任何人而言都是不容易的。再次回到会议室，我在墙角放了一把空椅子，让叶峰又做了一分钟的深呼吸，然后让他想象那把空椅子上坐着的就是那个身心疲惫的"叶峰"，而现在的自己是"叶峰"最好的朋友，让他对空椅子上的"叶峰"说点心里话。

　　刚开始他有点茫然，不知道该说些什么，我退到一边，给他一些时间和空间。刚开始，叶峰说的是一些鼓励自己的话，诸如"加油，你可以的……"我插了一句："放松，你可以把自己当成是那个椅子上的叶峰最好的哥们，你会对他说些什么贴心的话呢？"也许是这个问题引发了他的思考，同时我要求他尽量用包容和理解的角度去和那个"叶峰"对话。慢慢地他开始敞开心扉，对"自己"说了些更包容、更贴心的话。虽然说得不多，磕磕巴巴的，但是我感觉他僵硬的身体慢慢放松了。

　　叶峰迈出了接纳自己"脆弱性"的关键一步，后来他坦承道，这一步对他意义重大。他从来没有这样和自己做过对话，也没有接纳过那个"脆弱"的自己。而这个过程中他发现了自己对自己的很多要求，特别是对于自己在压力下的情绪反应，有着很多不接纳和不断压抑的"苛刻"行为。我很感叹叶峰的觉察力，在后续的会谈中我们又探索了这种"苛刻"背后的一些惯性的模式。叶峰感觉轻松了不少，也放下了很多。

案例分析

叶峰所展现的状况，是领导原力觉醒旅程第二阶段中常见的情况。对于原力还未觉醒的领导者，一旦有情绪问题，最常见的情况就是拼命压抑情绪，特别是在遇到有负向情绪的场景中。但是由于缺乏自我情绪调控的方法，当负向情绪累积到一定程度时，任何一件小事都能演变成压垮自己情绪的最后一根稻草。所以，突然的情绪爆发也是有可能的，在情绪爆发之后，还很容易产生更深层次的愧疚、焦虑等"情绪的情绪"，让本来已经筋疲力尽、内心沉重的领导者，状况变得更加糟糕。

对于在敏感脆弱层中苦苦挣扎的领导者而言，他们很难获得工作的愉悦感，甚至在工作中往往会感受到非常大、无法排解的压力。同时，疲惫的内心和焦虑的状态，还会影响他们与其他人的关系，特别是亲密关系。因为，在工作环境中被不断压抑的情绪，在亲人面前是最容易宣泄的。

那么有什么有效的方式来跨越这些情绪的陷阱呢？

第二节　走出情绪陷阱，正确认知脆弱性

在内心的敏感脆弱层，我们会和很多情绪感受在这里相遇。对于情绪，很多领导者的态度都很复杂。大家都会拥抱欢迎正向情绪，但是对于负向情绪，则普遍缺乏处理的方法，然而负向情绪对人的身心造成的影响却是非常深远的。

对于领导者来说，情绪的影响甚至超越了智商。我们不仅要面对自己的各种情绪，还要能在与他人的互动中，感知和协调他人的情绪反应，这样的挑战困扰着很多的领导者。这也是为什么这几年"情商领导力"课程很被推崇的原因——大家都希望能成为高情商的领导者。1998 年，被誉为情商领域研究第一人的丹尼尔·戈尔曼（Daniel Goleman）在《哈佛商业评论》英文版发表文章阐述情商对于领导者的重要性，根据丹尼尔·戈尔曼的情商理论，在情商的五个能力——**自我认知、自我调控、内驱力、同理心和社交技能**中，最为重要的就是自我认知。拥有良好自我认知的领导者，能够对自身情绪、长处、弱点、需求和内心驱动力等有深刻洞悉，并且清晰地知道自己的情绪对自己的工作表现、对他人会产

生何种影响。想要建立良好的自我认知，领导者必须要能对
各种情绪——无论正向或者负向，都有正确的认知，同时也
能通过对自身情绪的接纳和调控来获得良好的工作表现。而
其中最具挑战的就是对自身敏感脆弱层里各种情绪反应的感
知和接纳。

脆弱 ≠ 脆弱性

"面对自身的脆弱性"是个具有挑战的工作。在我和很多
领导者的教练会谈中，要让领导者"面对自身的脆弱性"确
实会花费不少的时间和功夫。我能理解领导者对于自身"脆
弱性"的抗拒反应，因为人们通常把脆弱和软弱画等号，"我
们之所以对'脆弱'这个词所代表的情绪感受无法接受，本
质上是和人们的羞耻感紧密相关"。

这个观点在美国休斯敦大学社会工作研究院教授布
琳·布朗（Brene Brown）的研究中得到了验证。"羞耻感"
是一种强烈的痛苦体验或感受，令我们觉得自己有缺陷，因
此不值得拥有别人的爱和归属感。

然而人生路长，很多事情难以尽善尽美，所以当不足、
失败等状况发生时，总会有些来自别人的负面评价，甚至是
指责和批评。而这些差评，有时会影响人的自尊心，严重时
还会让人产生羞耻感和痛苦感，觉得自己受到了伤害，因此

会产生各种负向情绪，如内疚、懊悔、愤怒、焦虑。为了避免这些负向情绪的伤害，面对影响自尊的真实情况，人们倾向于把这些让人不安的信息和反馈隐藏起来，不愿向他人提及。所以人们面对自身脆弱性所引发的情绪反应，通常的做法是：掩饰、逃避与发泄。

这里讲的**"脆弱性"，是人们在面对巨大压力时，为了避免自尊心受到伤害而出现的各种自我保护的心理活动**。当环境迅速变化，我们无法找到合适的应对方式时，我们的内心会焦虑而恐慌；当我们全力以赴，但因为一个小小的失误而承受失败时，我们会懊恼与自责；当我们第一次坐到领导的岗位上，要带领团队的小伙伴去面对未知的未来时，我们既信心满满又担忧重重的矛盾心理……这些都是"脆弱性"的表现，也都是人最真实的反应。

情绪不是洪水猛兽

对于自身的脆弱性，我们通常的选择是，把它们都放到乔哈里视窗的隐藏区里，因为那样就不会被他人看见，也不会引发各种有可能伤害自尊心的负面反馈。这样做人们才有安全感。

人类对安全感的追求一直烙印在基因里面，隐藏区的产生是人类趋利弊害的原始本能造成的。表面上看，拒绝敞开心扉，避免更多的伤害，隐藏区减少了我们对痛苦情绪的体验。但在隐藏脆弱性的同时，我们变得不再真实，不敢面对失败，不想承认不足，这反而会给我们的未来带来更大的痛苦和隐患。

图4-2　乔哈里视窗——隐藏区

　　人们习惯于指责与批评自己的恐惧和不安，而不是尊重和欣赏脆弱性背后的勇气和胆量。禅修大师创巴仁波切曾说，人生经常会受到两支箭的攻击，一支是痛苦本身，另一支是对痛苦的逃避与抗拒。人生很难尽如人意，这是一个不争的事实，如果我们不敢面对自己的真实，害怕真实带来的痛苦，我们就会遭受第二支箭的攻击。

　　领导者拒绝感受脆弱性情绪，其主要原因是把脆弱性当成了懦弱的表现。他们容易把自身的各种负向情绪与"我不够坚强"混为一谈，把内心强大看成是没有情绪的代名词。殊不知，内心强大并不是没有情绪，而是对于情绪有感知，且能迅速调控情绪，让自己不被情绪所左右，从而展现出良好的互动行为来回应触发情绪的人或者事。因为缺乏对情绪的正确认知，我们容易把各种负面情感，例如恐惧、羞耻、悲痛、伤心和失望，视为洪水猛兽。还由于缺乏对于情绪的调控方法，索性就放弃对情绪的处理。很多领导者认为没有必要在情感上浪费时间，所以刻意屏蔽或隐藏自己的情感。但是，情绪只能疏，不能堵。而且说到底，**我们对于情绪的体验都是我们个人感知的结果。情绪是中性的，不同情绪的能量层级不同，对人的影响也不同。**美国著名的精神科医师大卫·霍金斯博士（David Hawkins）通过对二十余万案例的研究后，把情绪的能量等级进行了一个排序，如图4-3所示。

在他的情绪能量层级表中我们可以明显看出，羞愧（能量级20）、内疚（能量级30）都在较低层级。在羞愧的状况下，我们会感到无地自容，希望自己能隐身而去；内疚感会以多种方式呈现，比如懊悔、自责、受虐狂，无意识的内疚感会导致身心的疾病，甚至引发自杀行为。

正确看待脆弱性

所以我们需要正确地看待"脆弱性"。脆弱性是人人都有的本能反应，领导者也不例外。"接纳脆弱性"对于很多人

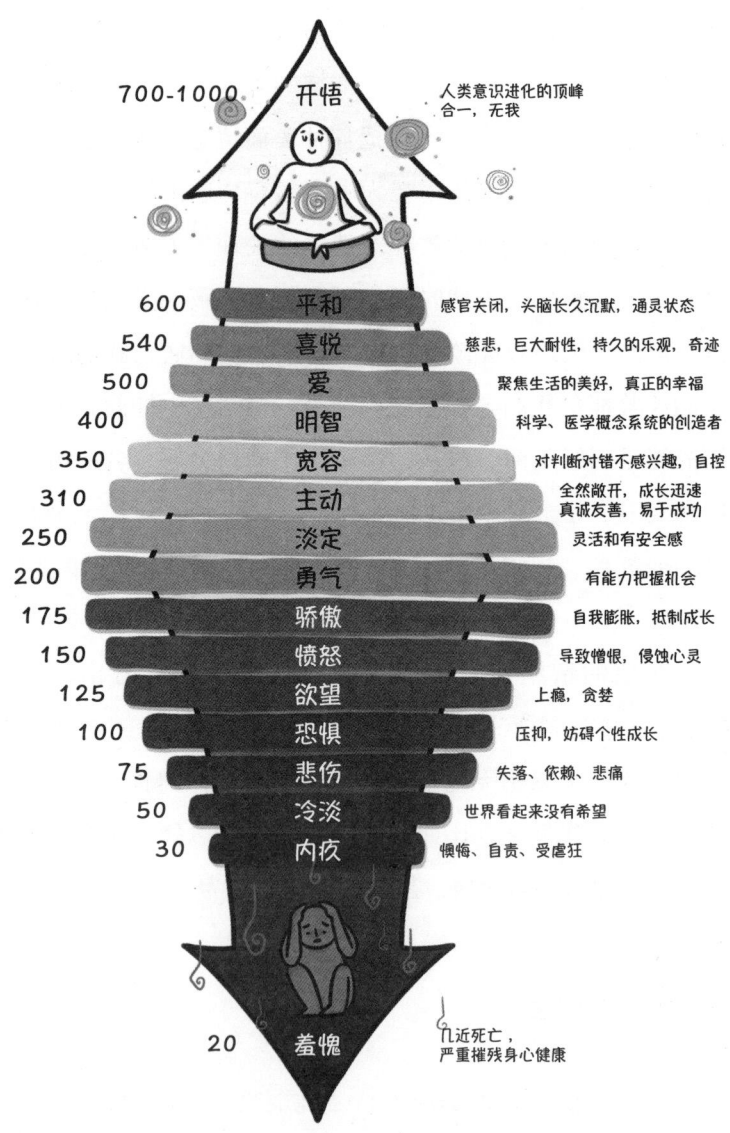

700-1000　开悟　　人类意识进化的顶峰
　　　　　　　　　　合一，无我

600　平和　　感官关闭，头脑长久沉默，通灵状态
540　喜悦　　慈悲，巨大耐性，持久的乐观，奇迹
500　爱　　　聚焦生活的美好，真正的幸福
400　明智　　科学、医学概念系统的创造者
350　宽容　　对判断对错不感兴趣，自控
310　主动　　全然敞开，成长迅速
　　　　　　　真诚友善，易于成功
250　淡定　　灵活和有安全感
200　勇气　　有能力把握机会
175　骄傲　　自我膨胀，抵制成长
150　愤怒　　导致憎恨，侵蚀心灵
125　欲望　　上瘾，贪婪
100　恐惧　　压抑，妨碍个性成长
75　悲伤　　失落、依赖、悲痛
50　冷淡　　世界看起来没有希望
30　内疚　　懊悔、自责、受虐狂

20　羞愧　　几近死亡，
　　　　　　严重摧残身心健康

图4-3　霍金斯能量层级表

而言意味着要接受自己的不安认知，自己是个有血有肉、有思维有情感的人，而不是一台操作性能良好的机器。所以情绪不是洪水猛兽，是我们生而为人重要的一种体验，是宝贵的财富。正如卡尔·荣格所说，"生命中所有的体验都富有意义"，只有不再把脆弱性当成懦弱，我们才能豁然开朗。

从霍金斯能量层级表上，我们可以看到，淡定（能量级250）是一种灵活有安全感的情绪能量，宽容（能量级350）可以让我们变得开放、自控。如果我们用"淡定"和"宽容"的态度去看待"脆弱性"的情绪反应，我们可以更有效地自我调节，让情绪状态恢复稳定。

在宽容地接纳"脆弱性"的时候，我们获得了一个机会，可以去探索一下负向情绪所传达给我们的正面提醒。领导者最常见的脆弱性情绪反应是焦虑。我们对工作中无法按计划实施的项目会产生焦虑，对自己无法掌控的局面会焦虑，也会对个人生活中种种无法按自己意志改变的现象产生焦虑。如果我们无视它，可能的状况就是被它控制，引发一系列的压力感受，使身心备受煎熬。如果我们看到自身的焦虑状况后，不去与之对抗——因为对抗意味着我们想要快速地摆脱焦虑，可往往又无从摆脱，反而会加重我们的焦虑感——而是能淡定地接纳这种焦虑感，告诉自己，我知道我在为××事情的不顺利、不如意感到焦虑。我们就有机会看到这个焦虑是由我们的期望和现实之间的差距所引发的，那么通过调整我们的期望值，这个焦虑可以得到适当的缓释，这就是一种"正面提醒"。

当然，要看到负向情绪想要传达给我们的正面意义，我们还需要就负向情绪的发生做更深入的探索，看看是否因为我们的一些保护性的心智模式会让我们对现实做出错误的解读，从而引发了这些情绪和行为。

歪曲事实的凹凸镜

记得小时候第一次站在哈哈镜面前，看到镜子里扭曲的自己，我没有像大人一样哈哈大笑，反而觉得特别害怕。我明明是个瘦瘦的小孩子，却在哈哈镜里变成了怪物——大大的脑袋和变形的身体，还有像猪八戒一样的大肚子，长大之后我知道原来那是凹凸镜产生的光学效应。

我们每个人的头脑里也有像凹凸镜一样的惯性思维，它们是我们对脆弱性的反应状态经过日积月累所产生的一种稳定的思维模式。如果不能接受自己的脆弱性，你就很难发现这种思维模式对你产生的持续影响。

这些认知上的凹凸镜到底是怎么形成的呢？美国著名心理学家阿尔伯特·埃利斯在理性情绪疗法理论中指出，我们的心智模式中通常有三种错误的思维对我们的情绪反应产生重要影响。它们就像凹凸镜一样对现实的情况做出扭曲解读，从而让我们的情绪能量下降，我们会因此陷入愤怒、自责、焦虑等负向情绪里，进而影响我们的行为。

这三类负面的思维模式分别是**恐怖化、必须化**以及**合理化**。

恐怖化的思维方式是容易把事情往坏处想。这种思维方式容易把正常发生的事情看成意外，把后果想象得非常可怕。常用的句式是"万一……怎么办"，比如你去客户那里处理投诉，你可能会想到：万一解决不了怎么办？万一他们找到大老板怎么办？万一让兄弟们失望了怎么办？越想越多，就越恐慌，你高度紧张，未战而败。我们案例中的叶峰就是这样，当他看到自己因为焦虑情绪而产生脱发、白发等生理现象，就开始担心自己会出师未捷身先死。

必须化的思维方式认为很多事情都有唯一标准。这种思维方式常用的句式是"我必须……""我一定……"，这种"必须""应该"的思维可能源自孩提时代，比如父母说，你每科成绩应该在90分以上；老师说，你应该每天只睡6个小时。一旦有了"必须"的思维，就会使你对自己要求过于严苛，把自己变得很固执，缺少弹性。当你达到了"我必须"的标准时，你就开始了对别人的"你必须"，这样的领导者不但自己很疲惫，身边的人也会很累。案例中的叶峰就有很多这样的"必须化"思维，例如他认为下属应该知道他的脾气，工作计划必须按照他的要求严格执行。

合理化的思维方式认为什么都很合理。这种思维方式会将不合理或不得体的行为合理化，骗自己接受这种行为，简单地说就是逆来顺受，典型的表现就是："他们不会在乎的！""我已经尽心尽力了，他们不会不理解的。"合理化思维是人们应对脆弱性时常见的方式，通过合理化，我们可以让自己的感受变得好一些。

如果经常用恐怖化、必须化、合理化的思维模式去思考问题的话，我们就会不由自主地陷入以下10种非理性信念状态中，进而影响自己的情绪和行为。

信念一：太在乎别人怎么看待你。

这种信念很容易导致领导者过度关注别人对自己的看法，尤其是对自己很重要的人，比如老板、下属或是家人，并且对来自他们的差评、拒绝有强烈的恐惧感。由此领导者会产生两类行为表现：一是有意地去讨好自己认为重要的人，避免冲突；二是把自己装扮成一只刺猬，逮谁扎谁。前一种行为会让领导者耗费大量的精力去博取老板的喜欢和尊重，为了避免争议而投其所好，甚至不惜放弃自己的原则和立场。后一种行为会让领导者提前进入防御状态，通过自己的主动攻击来掩盖自己的不安与焦虑，这样就会让很多想要靠近他的人无法与之坦诚相待。

信念二：无法忍受在重要任务上失败。

害怕失败常导致领导者变得不敢冒险、停滞不前，甚至逐渐庸庸碌碌。有时候领导者的墨守成规表面上是对新事物、新路径的抗拒，而背后的深层原因很可能是害怕失败，害怕曾经成功的形象遭到破坏。过分地追求完美，担心失误，会让领导者失去更多的可能性，失去快速成长的契机。

信念三：人和事都必须朝着我要的方向发展。

这是一种明显的必须思维，也是低耐挫性和对不公平的敏感性而造成的冲动反应。有些领导者头脑中有很多事物发展的标准答案，一旦事与愿违，就会产生情绪，但这些情绪不但不能让问题消失，反而会让问题更糟糕。习惯必须思维的领导者对于不确定的环境发展趋势会表现得更为焦虑。

信念四：某件事出错了，肯定是有人出了问题。

这种信念会让领导者下意识地把很多事情绝对化。拥有这样信念的领导者认为事情做得那么糟，肯定是有人不尽力，所以他们遇到差错的时候会用大部分的精力去追究事件的责任人，而忽视差错的本身，更缺少"亡羊补牢"的行动意识，他们更关注在"牢笼"破损这件事上谁要承担责任。

信念五：对即将发生的事情总是抱着深深的忧虑。

持有这种信念的领导者通常有较强的悲观思维，很容易纠结于所有的"万一"，会自然地想到事物的消极部分，对没有发生的状况产生焦虑，因为极低概率的风险而裹足不前。他们会为"万一"的出现做大量准备，反而影响了正常的时间分配，造成效率低下。

信念六：每个问题都有完美的解决方案，必须要找到这些方法。

完美主义是造就拖延的重要原因，领导者为了寻求完美答案反而会导致停滞不前和心情沮丧。对不够完美保持宽容（但朝完美方向努力），然后逐步追求改善，是动荡与不确定的环境中领导者必须要适应的领导行为。当没有现成的或显而易见的完美解决方案时，仍可以开始上路是快速行动的基础。

信念七：凡事都能找到一个合理化的理由。

逃避困境和责任比正视它们要容易得多。为了避免自尊心受到伤害，合理化是每个人的生存本能。但对于领导者来说，正视困难与责任却是获得下属信任与追随的重要因素。正视困难与责任需要领导者更加真实，并不断进行自省，而只有学会接纳自己的负向情绪才能做到真正的真实。

信念八：很多事情不需要参与，静观其变就好。

没有深度的参与，就很难有深刻的体验；没有深入的链接，就很难有高效的决策。有些领导者貌似参与了很多事，但其实他们只是坐在那儿，被动地观察，很难对事物的发展产生积极的影响。

信念九：因为过去发生的一些不好的事情造成了我现在这个样子。

不可否认，过去的经历对我们现在的行为有着深远的影响。但我们一直盯着过去不放，就会把事情恐怖化、必须化、合理化。抱持这样信念的领导者无法理智地面对现状，很容易产生过分焦虑、生气、抑郁、内疚、沮丧的情绪表现。虽然我们无法改变过去发生的事情，但却可以改变我们对这些事的看法。作为领导者，如果你失败了，或是遭到拒绝，再或是受到不公平的待遇，只要承认并坦然接受，把它当成改变的起点，这样你就能朝前走了，而不是被一直困在过去。

信念十：是因为这些人和这些事才让我变得更差。

我们很容易根据人和事的表面状况而下意识得出结论，或是给自己的情绪反应做出解释——为因此产生的不良结果进行合理化，但任何结论的产生都离不开我们的心态。同样的人和事对于不同心态的人来说，会得出不同的结论。就像

"塞翁失马，焉知非福"的比喻所言，即使表面看上去并不好的状况，当我们的思考维度发生改变的时候，它有可能会变成一件好事。

凹凸镜下的负向情绪

我们的负向情绪，大都是由于我们的思维模式和信念体系所诱发的，如果说这些错误的惯性思维是凹凸镜的话，负向情绪就是凹凸镜投射的产物。埃利斯在"理性情绪行为疗法"的理论中，也明确地阐述了负向情绪的形成过程——情绪诱发ABC公式：A（事件）+ B（信念）=C（结果），如图4–4所示。

图4-4　ABC情绪模型

A代表日常遇见的人或事，C代表在A的情形下你的感觉和行为，以及事情的结果。埃利斯认为并不是因为A的发生和出现就导致了C的结果，而是两者之间还有一个B——我们对具体发生的人或事的思考、判断，也就是我们所说的代表思维模式与信念体系的凹凸镜。

在大量的临床实验中，埃利斯发现了由于信念影响所产生的四大负向情绪，分别是**焦虑、愤怒、抑郁**与**内疚**。

1.**过分的焦虑（紧张、沮丧、恼火、担惊受怕）**。比如你为准备一个工作汇报而紧张，为下属最近的表现而烦躁。

2.**过分生气（戒备、被激怒、气得发疯、挫败）**。当你的老板批评你不努力，当工作上的同事不配合或做不来时。

3.**过分抑郁（无精打采、一蹶不振）**。失去别人信任，或失去发展的机会。

4.**过分内疚（过分承担责任、过分悔恨、过分自责）**。比如你因为客户投诉而对老板唯唯诺诺，陷入内疚、自责的状况中。

埃利斯在临床中的实践证明，**如果保持冷静，人们在85%的时间里能识别出自己什么时候是反应过激的**。但如果不能有所觉察，我们会自然而然地对挫败我们的人或事反应过度。并且在我们意识到自己反应过度后，又继续对这些反应过度的情绪产生负向的情绪感受——我称之为"雪上加霜"。

对于领导者而言，如果我们有能力看到所有的负向情绪

背后的那些限制我们的思维模式和信念假设，那么我们就能
够意识到，我们是有可行的方法去处理这些情绪的。这样一
来，我们就不会为之所困，也不会视情绪为敌人，与之对抗；
或者视情绪为障碍，绕道而行。

领导者回避脆弱性的行为

　　对于很多善用左脑思考的领导者而言，情绪是个无法量
化、很难描绘的东西。在工作中，大家最好就事论事，不要
有情绪。确实，工作中我们经常看到，一个最初的观点冲突
会因为情绪而演化成了人际冲突。因此对于情绪感知和处理
是领导者的大课题，对于这个课题，领导者普遍的解答方式
有以下三种。

掩饰情绪，保持距离

　　因为对于情绪，特别是负向情绪的错误认知，很多领导
者会将自己的情感完全隐藏起来，并且和他人保持一定的距
离。由于他们很难认识或承认自己的情绪，所以不愿向别人
流露自己的情绪，尤其是消极情绪，在他们看来，情绪流露
是一件非常难堪的事情。他们认为，领导者多变的情绪状态
与复杂的内心感受，是领导者无能的表现。

　　这些领导者由于自尊心特别强，会更在乎别人对自己的

看法，掩饰情绪就变成了这类领导者的一种自我保护的行为。他们认为被别人看到自己低落的情绪会对自己的评价变差，为了维持自尊，他会刻意掩饰自己的情绪，保持自己处事不惊的领导形象。但这种把自己的脆弱性有意掩盖的行为，虽然让自己的内心暂时得到了防护，其实也阻断了他与别人的深度联结，也就无法展现出真实领导者所具有的魅力。

宣泄情绪，无法同理

这类领导很容易被自己的情绪影响，虽然这种表现相比掩饰情绪来得更加真实，但也很容易对别人产生不必要的伤害。在宣泄情绪的同时，人们很难理性思考，习惯发泄情绪的领导者，自己的理智思考和客观评价也会被情绪带走，会更容易做出非理性的决策。这类领导者会有较强的“必须化”的思维，对自己或别人有很明确的标准，对事情的发展有唯一的判定。他们并不在乎别人如何看待他们，同时也很难接受别人的不同意见，当别人的想法与意见超出自己期待范围的时候，他们很难再深入地倾听。

这样的领导者对自己的脆弱性无法进行深入的觉察，很难探究这些情绪产生背后的原因。正因为他们的领导行为的“雷区”非常明显，也就限制了其领导力可以作用的范围，会让其领导的组织发展遇到明显的瓶颈。

克制情绪，内在对抗

克制情绪的领导者，会对某种情绪产生明显的偏见，也就无法接受这种情绪的产生。他们认为有情绪并不是一件好事情，会对领导者的正常决策产生不必要的干扰。当情绪出现时，他们会选择尽力压抑，在内心深处与情绪进行抵抗，不让它们出来"兴风作浪"。克制情绪的领导者对于某些情绪会有不良的感受，甚至产生负向的评价。但这样的领导者在克制情绪的同时，也忽略了内在真正的需求，无法听到内心真实的声音。而且，他们在克制自己愤怒与焦虑的负向情绪的时候，同时也克制了满足与喜悦的正向情绪。

如果说掩饰情绪的领导者是不愿意让别人看到自己的情绪，那么克制情绪的领导者是压根不希望自己有情绪。这样的领导者对脆弱性有着很强的排斥，所以更难与别人产生深度的联结，更有甚者会持续地否定自己，不能接受自己的真实需求。

以上三种回避脆弱性的行为，很可能会在一个领导者身上交替发生。叶峰就是这样的情况，他的内在期待是能够克制自己的情绪，不被自己的情绪所影响。但由于面临公司变革中的巨大挑战，难免有情绪发生，所以在他的工作中，他努力克制与掩饰；而在他的生活中，却又有很多宣泄情绪的情况发生，特别是在面对自己最亲近的人的时候。然而，这样的模式最终对叶峰的影响就是，他无法在工作中和他人建立起必要的深度关系，同时会对自己最亲近的人发泄情绪，并陷入自责、内疚的状态中。

第三节　接纳脆弱，察觉与调控情绪四步法

如哈佛大学的认知心理学家史蒂芬·平克（Steven Pinker）在《心智探奇》中的描述："人类进化的最根本目的是让他们可以更好地活下来，而不是追求真理。"生存本能就像快捷方式一样，让我们能够快速产生各种情绪，应对各种威胁。当我们清楚了这种本能之后，千万不要为此而自己责备自己，这个时候最重要的就是接纳——接纳这种本能，也是接纳自己的情绪，接纳自己的真实，从而增强自我认知水平。自我认知高的领导者面对自己和他人都能做到坦诚，对于自己既不会过分地吹毛求疵，也不会不切实际地幻想。高自我认知的人会做出客观准确的自我评价，同时对自身情绪所产生的影响也有深入的了解。

在领导原力觉醒之旅的这一步，我们要更深入地做自我的内在探索。特别是要察觉到在敏感脆弱层里，**究竟是什么让我们想隐藏起那些脆弱性的情绪反应**。这个探索更多是在个人心智模式层面的探索，这需要我们放下对脆弱性的偏见，接受内心的恐惧、羞耻和内疚的情绪感受，去体会这些情绪

背后的心智模式和信念是如何影响着我们客观的自我评价和
情绪反应的，从而突破原有情绪习惯的阻碍，接纳真实的自
我。这个过程就像放下凹凸镜，换上平面镜一样来认真仔细
地观察自己的方方面面。通过这样的探索与发现，我们可以
对自己更宽容和接纳，做出客观的自我评价，让自己拥有合
适的自尊水平和清晰的自我认知。

在领导原力觉醒的这一步，我们需要通过识别情绪、探
索需求、分析事实、感知过程四个步骤，来实现对情绪背后
的真实自我进行探索，为原力的觉醒做好准备。

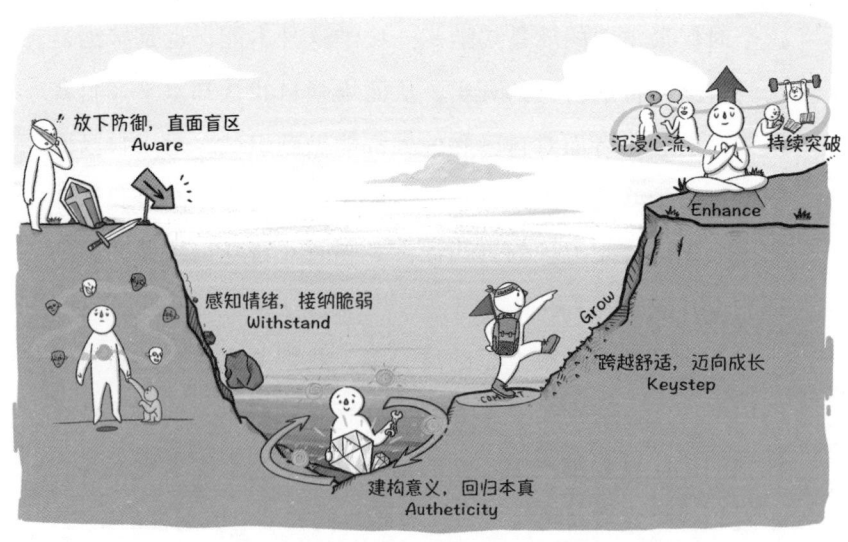

图4-5　领导原力觉醒 AWAKE 模型

第一步：识别情绪，让自己抽离

　　哥伦比亚大学心理学教授凯文·奥克斯纳（Kevin Ochsner）在对众多调节情绪的策略做了对比研究之后发现，我们跳出来，站在旁观者的角度去观察和改变"情绪发生的思维过程"，是最有效的方法。当我们能够做到把"我"和"我的情绪"分离开的时候，我们就更容易接纳情绪。也就是说我们在体验情绪的同时，如果能保持对自身如何产生情绪反应的过程有所察觉，并允许自己拥有与情境相适应的情绪（更理性）的时候，我们本能的反应行为就会大大降低，从而减少不必要的应激行为。

　　所以接纳的第一步，是要让自己以一个旁观者的身份去看待自己的情绪。你可以把带着情绪的自己当成在电影中看到的人物，而不带情绪的自己是观看电影的观众。仔细体会电影中自己的情绪感受是什么——是愤怒、悲伤还是纠结和恐惧？这个过程中需要大家增加丰富的情绪词汇。情绪词汇匮乏的人一般可能只有几个简单的词，例如好或者糟糕。如果我们能扩展一些情绪的词汇，就能够拥有更细致的"情绪颗粒度"，这对于调控情绪是有帮助的。

【练习1】构建自己的情绪字典

　　我们来看一下有哪些具体的词汇可以更贴切地描述自己

经常出现的情绪状态。

　　积极情绪：快乐、激动、满足、喜悦、备受鼓舞、感激、
欣喜若狂、放松……

　　消极情绪：愤怒、懊悔、窘迫、恐惧、焦虑、害怕、
不满、嫉妒、悲伤……

在这里需要澄清，"接纳"是没有好坏、对错的判断的，
也就是意味着当你有情绪反应的时候，你知道自己有情绪，
甚至可以在心里对自己说："哦，我知道了，我现在有个xx的
情绪。这不是我的错，只是本能而已。"

步骤1：坚持一段时间，每天找一件你感受最深刻的事，
对它进行描述。

在你的描述中包括事件本身、人物、场景、当时的情绪
感受与自己的想法。

步骤2：识别你的情绪状态，并按从0%（最少）到100%
（最多）对其进行评估。

情绪	比率%	情绪	比率%	情绪	比率%	情绪	比率%
悲伤		焦虑		愤怒		……	
情绪	比率%	情绪	比率%	情绪	比率%	情绪	比率%
快乐		感激		放松		……	

步骤3：构建你的情绪字典。

记满21天，你就可以构建你的情绪字典了，方法就是统计之前的情绪记录，按出现的频率顺序填写下表，并对情绪进行自己的解释。

频率排序	情绪名称	情绪解释（这个情绪的详细描述，包括自己的身体反应等）
1		
2		
3		
4		
5		

第二步：探索需求，找到对情绪的感受

我们发展了自己的情绪词典之后，下一步就可以加深对情绪的探索，探索情绪背后那些没有被满足的需求是什么。

情绪是一种能量，同时也是内心期待、渴望的一种表现。当内心的某些需求没有被满足时，这些需求就会通过情绪反应表现出来。比如当我们被别人冒犯了，我们会感到愤怒。在这个"愤怒"的情绪中，是"被尊重"这个需求没有被满足。当我们看到内心对于"尊重"的需求之后，就可以问问自己，

除了愤怒，我们还可以采取哪些更体面、更有效的方式去回
应对方。也许我们可以这样向对方表达："我感到被冒犯了"，
并且平静地要求对方向自己道歉。

【练习2】常见负向情绪背后的需求

尊重	确定	自由	被接受	公平
有价值	可预期	独立	被包容	公正
被认可	保障	自主	被允许	公开
被欣赏	精准	没有束缚	被承认	平衡
被重视	清晰	不受影响	被关注	统一
被表扬	承诺	有特权	被欢迎	被看到
影响力	担保	没有义务	被喜爱	被记得

（注：以上只是一部分的需求，你还可以不断寻找和发现
自己常见的负向情绪背后的需求。）

第三步：分析事实，梳理情绪的情境

这一步依然需要我们保持在旁观者的角度，去看"电影"
当中的场景，分析场景当中的客观事实是什么——因为发生
了什么事情，触发了电影中的人物（"自己"）的情绪。

【练习3】根据个人常见的消极情绪写出发生这些情绪的场景

情绪	发生情境
愤怒	和其他持不同意见者或者不同利益相关者对话或开会时，会发生激烈的争论，看着他们只为了维护自己的利益而忽视他人境况的时候，这种愤怒情绪特别强烈
……	……

第四步：替换角色，翻转情境中的情绪

你可以用一个现实中自己熟悉且崇拜的人（可以是你的上司、长辈或者同事、朋友）来替换电影当中的自己，想象一下如果这个人也遇到了同样的情况，那么电影接下来的剧情会有什么不同。我们对这个不同的思考过程，就是对情境中情绪的重新认知。

【练习4】

想象自己熟悉且崇拜的人，他们对于练习3里的场景会怎样做。

情绪情境	不一样的做法
和其他持不同意见者或者不同利益相关者对话或开会时	耐心倾听各方面的意见，提出问题让大家聚焦在统一的目标下，接受每一方的实际情况，也坦承自己的情况，提请大家站在最终客户的角度或解决问题的角度来协商
……	……

通过以上四个步骤的练习，希望你能够对情绪有新的处理方式。

"接纳脆弱"是领导者看见真实自我各个不同侧面的一个重要过程，在这个过程中，个人内心的宽度和深度会大大加强。只有当我们对自己有了接纳和理解，那么我们才能对他人的"脆弱性"有同理心和包容度，并且发展出更深的信任关系。

本章小结

在领导者成长的道路上没有终点。领导原力觉醒的意义是希望助力领导者找到前进的动力源泉，让他们在成为更好自己的路上奋力奔跑。我相信领导者一旦打破惯性模式的束缚，秉承开放接纳的信念，就可以直面脆弱，接纳脆弱，并一路向前去探索自己内心更丰富多彩的世界。

"脆弱性"就像领导者坚硬外壳上的裂缝，看似很丑，可是阳光就是借着这些裂缝，温暖那些被封存的原力的。当裂缝越多，光亮越强，终有一日，那些被封存的原力就会被唤醒。到那个时刻，领导者内心深处的坚硬盔甲就会脱落，蜕变成柔软、有弹性的软甲，而深藏在真实自我中的领导原力就会崭露头角，等待着与领导者的联结。这股原力可以助力领导者拥有更好的情绪复原力和稳定的内在状态。

领导者唯有成为更好的自己，才能最终成为更好的领导者。

你的接纳计划

一个转化要发生，至少需要21天，正好三周。请你认真思考一下，你想如何接纳你的脆弱，并且利用下面的表格来帮助你真正的达成。

计划人：

Wish，愿望或目标	
Outcome，结果	
Obstacle，障碍	
Plan，计划（如果，就）	

21天计划表格

选择你"如果，就"计划中的一个重要的行动，开始21天的刻意练习吧。

行动	第①天	第②天	第③天	第④天	第⑤天	第⑥天	第⑦天

行动	第①天	第②天	第③天	第④天	第⑤天	第⑥天	第⑦天

行动	第①天	第②天	第③天	第④天	第⑤天	第⑥天	第⑦天

第五章

建构意义，回归本真

来到世界的每个人都肩负着使命，这个使命就是成为真正的自己，而不是别人，你不可能变成任何一个你想成为的人，你只能成为真正的自己。

——《薄伽梵歌》

领导者跨过了本能防御层和敏感脆弱层，终于来到了真实自我层——这一层如同我们心灵的"地心"。在这里的拓展，会帮助我们发现内生动力，也就是我们的领导原力。然而真实自我层的拓展是很多领导者容易浅尝辄止的，因为这个拓展常常会和人生的使命、愿景等庞大的哲学话题相关联。这些话题会让人觉得，也许穷极一生都无法弄得明白，活得出来。

AWAKE觉醒旅程在这个阶段要拓展的是三个方面的内容：一是如何建构"领导者"这个角色对于我们的意义；二是在建构了意义并且明确了自己的价值观和目标后，领导者如何向着那个真实而有力的自己去努力；三是如何展现出兼具个人独特风格与组织需求风格的有效领导行为，并且通过有效的领导行为影响组织里的其他人一起去改变、成长，最终获得幸福和成功。

图5-1　建构意义，回归本真

"意义"的建构，是领导者对过往的经历和当下的体验赋能的过程。这样的建构过程，激发了领导原力的初醒。在原力的支持下，我们发掘了领导者每天工作的能量源泉，这将使我们能更积极主动，有勇气去面对环境带来的挑战。通过意义的建构和目标的拓展，我们的心智模式得以升级，我们将听到真实自我层发出的召唤——我想成为什么样的领导者。

由于意义所激发的情绪能量是正向的、高能的，这个高能情绪不仅赋能领导者自身，还能影响到周边的人。这就是为什么我们会被那些有正向高能情绪的领导者所吸引，并愿意跟随他们。

【本章阅读指南】

1.领导原力觉醒中的第三个挑战是什么？

2.领导者需要在潜能区里探索什么？

3.如何在日常工作中通过三个方法建构意义，并且通过意义引领自己、引领他人？

4.如何通过价值观的梳理和筛选，找到对自己真正重要的5个核心价值观，并且能够遵循自己的价值观去生活和开展事业，活出真实自己的美好人生？

5.如何设定个人的领导力发展目标，向着目标努力前行？

第一节　"疲惫而茫然"的领导者

张兰是一家制造公司的战略管理部总监，她为人勤奋努力，做事认真负责。为了完成工作，她带领着团队的几个人，在一年内组织公司大大小小的部门开了数十场会议，努力推动着公司的战略落地和项目执行。在公司的"高管后备培养

计划"中，张兰是重点培养的对象，公司高层希望她在精熟
具体事务执行的基础上，可以通过公司的战略落地项目来练
手，提升自己的领导力，获得快速成长。

　　但是在张兰的年度360度评估报告中[1]，有一条显著的不
足——无法有效地自我驱动和驱动他人，需要进一步挖掘自
己的内在动能，激励自己，激励他人。"如何提升内驱力？从
哪里开始改变？"公司请来教练对她进行支持。

　　在第一次与张兰进行教练约谈中，让人印象最深的就是
她满面的疲惫，所以我就从她目前遇到的挑战谈起，帮助她
发现自己驱动力上的阻碍和意识上的盲区。

新部门的挑战

　　为了更好地贴合国家政策变化与市场的新需求，张兰的
公司请国际著名的咨询公司做了一次战略规划；而为了更好
地实施战略，公司特意从各部门抽调精英新成立了一个战略
管理部。张兰是最早被调到战略管理部的人，由于之前在财
务部工作出色，有专业的预算管理背景，而且在公司工作多
年，上下口碑都不错，所以到新部门没多久，张兰就被提拔

1　360度绩效评估，又称"360度绩效反馈"或"全方位评估"，是指从员工自己、上
司、直接部属、同事甚至顾客等各方面收集反馈，全方位、多维度地对员工进行绩效
评估。

成总监，现在也有了自己的团队。但战略落地的工作远没有张兰期待中那么简单，一年到头很是辛苦——不是在开会就是在开会的路上，但结果却差强人意。无论是自己的上级还是其他部门都觉得公司的战略只是流于表面，并没有对实际的工作产生什么影响。

张兰自己也很是郁闷，一方面是和管理部的上司相处了一年多，好像一直没有度过"磨合期"，很难形成工作上的默契。而且上司只是兼管战略管理部，没有太多的时间对张兰的具体工作给予指导，只是周期性地表达对部门工作成果的不满，要求张兰尽快想出解决办法。

除此之外，张兰在很多问题上和上司的想法也有着较大的分歧，但她一向尊重上司的意见，不想因为与上司辩论而让上司怀疑自己的执行力。所以就算自己有不同的意见，就算几次话已经到了嘴边，张兰还是会把要表达的意见咽下去。她不断告诫自己，要服从命令听指挥，上司总有他的道理。但是这样她自己的优势也就无法发挥了。在领导自己团队的时候，张兰的风格越来越强硬，这让她也开始有点讨厌这样的自己。

看重别人的要求

张兰不怕辛苦，她认为作为一个领导者，比付出更重要

的是完成公司的任务，同时也能给团队一个交代，这样的领
导者才是称职的，也只有这样做，自己的付出才是值得的。
平时张兰的工作一丝不苟，在过去的一年里，除了法定节假
日，她每天都要工作近12个小时。各部门的人在需要战略管
理部门支持时，她总能积极响应。在她眼中，公司的战略关
系到公司的未来以及上下几千人的发展，公司这么信任她，
她要尽力满足上司和其他部门的各种要求。她认为，无论是
谁的需求管理部门都要及时响应，不能让自己的部门成为战
略落地的阻碍。为此，她要求自己和团队都要上紧发条，面
对一个个挑战，迎难而上。在调入战略管理部的这一年里，
张兰的每一天几乎都被项目压着，白天她总是揪着一颗心，
夜里也时常做梦被上司"拷问"；到了周末，她什么也不想干，
就想睡觉，但是哪怕睡了一整天，她还是会觉得疲惫不堪。

怀念曾经的工作

　　战略落地的项目从愿景到架构、从流程到能力、从计划
到执行，几乎要把公司翻个"底朝天"。各部门都苦不堪言地
在重复做着计划、开会、梳理、再计划的循环工作，张兰自
然也就开始了疯狂的加班。很多部门表面上对战略落地很是
支持，但实际上投入的精力并不多，他们更关注短期的考核
指标，对张兰组织的会议越来越流于应付，每次会议的决议

也很难落实。公司级计划还好说，部门级的计划真是让她抓狂，任意一个部门的计划都需要公司资源的支持，有时候为了获得公司的资源倾斜，几个部门争得面红耳赤，到最后都来找战略管理部主持公正。

现有的工作已经让各部门觉得很有压力了，所以配合公司战略落地的相关项目对他们来说就是增加了很多额外的工作。张兰带着团队，硬着头皮坚决地推进着这些战略项目，但越来越感觉举步维艰。为了让自己能更加专业地做好这个工作，她还专门跑出去进修，希望进一步提升战略管理和执行的专业能力，但很多结果还是不能让上司满意。张兰不止一次提到，"我对工作花的心血比对孩子的还多，可就是不能让上司满意……"她的眼神中透出难以掩饰的迷茫。

张兰很是怀念之前在财务部工作的时光，那时候无论是自己专业的经验还是工作的成果都会让她有很强的成就感，而且团队氛围非常好。张兰对于团队成员细致、耐心的领导风格让大家都很愿意配合她的领导，新来的同事也会虚心向她请教专业知识。这一度让她非常受用，觉得自己的工作很有意义，既能给组织实现绩效，又能帮助别人成长。但到了战略管理部之后，过去的意义感一扫而光，取而代之的是无数的被动要求，让张兰疲于应付。而且工作成果也不能让她自己满意，她的成就感非常低。

在焦虑、压力中撑了大半年的时间，张兰越来越感觉不到这个工作的意义和价值，以及自己在这个岗位上的价值。
这个有韧劲的女强人也快撑不下去了，她的自信降到了谷底，
在她的脸上越来越难见到曾经灿烂的笑容。

案例分析

　　张兰是典型的从一线打拼上来的领导者，这样的领导者
从初入职场开始，就按照别人的要求不断进取、不断地弥补自
己的短板，习惯了按照别人眼中的"成功标准"不断地衡量自
己。在别人越来越高的期待中，张兰对自己的要求也不断加
码，这种期待让张兰越来越看重当前的目标能否达成，而忽
视了目标背后的意义。另外，她有着对前途的茫然感，不知
道自己在这个新岗位上的目标到底是什么，这个新岗位对于
她的意义又是什么，她从来没有给过自己时间好好地思考这
些问题。于是在日复一日的繁忙中，工作的意义感逐渐消失。
　　在最初几次的教练会谈中，身心疲惫的张兰几度落泪。
张兰回想起自己的成长经历，几乎都是在别人的要求中过来
的。一路走来，她迎接着一场又一场的"遭遇战"，被动地去
克服一个又一个的困难。她觉得自己很多时候像一个被赶鸭
子上架的赛车手，在规定的赛道上、在明确的规则里，只顾
全速前进，从来没有想过去踩踩刹车。这一次转岗后，她想
过让自己停下来想想自己工作的意义，但她根本静不下心来

去觉察自己的动机，因为停下来就意味着放弃比赛，就意味着被无数人超过。所以，张兰选择了花更多的时间去忙碌，更多的时间去加班。她不知道的是，这样的节奏只会让她面临更多的无奈与纠结。

随着教练会谈的深入，张兰逐渐认清了这个忙碌的"自己"：一方面有着值得嘉许的上进心；另一方面缺乏对自身成长目标的设定，让她很容易在每天忙碌的工作和生活中失去方向，从而被繁忙的事情裹挟。如果能帮助张兰把过去工作中积累的优势——踏实、勤奋、亲和力高——合理地发挥出来，同时又能协助她不断清晰前进的目标，从而激发内在潜能，展现出她本真的最佳面，那么工作中的那些挑战，就会带给她不一样的意义。因为向着目标的每一步都算数，都有价值。

第二节　你想成为什么样的领导者

当你受到某个卓越目标、非同寻常的项目的激励时，你的思想将冲破一切束缚。你的心智将超越一切限制，你的良知向各方拓展。你会发现自己进入了一个全新的、卓越而美妙的世界。

——《瑜伽经》

案例中的张兰是我很多客户的一个缩影。领导者常常和压力相伴，在压力之下，有人会心生倦意，也有人能一路奋进。是什么造成了这个差异呢？很多管理学理论都提到了一个很重要的概念——目标和意义感。我在教练实践中也发现，有明确目标的领导者相较目标不清晰的领导者更能扛得住压力。我所说的目标，指的不仅是在职业生涯规划上的目标，还包括你自身想成为一个什么样的人、你愿意为什么样的事情付出努力。就像尼采说的："如果一个人知道自己为什么而活，他就可以忍受任何一种生活。"

如果领导者要明晰自己的目标，首先需要认真思考并且回答的一个问题是："**我为什么要成为一名领导者？**"

每个领导者都要好好地想一想，是什么样的力量驱使着你成为一个领导者。当我问很多人："你为何要做领导者？"我得到了各种各样的回答。有些是因为在本职工作中展现了领导潜质，特别是在一些关键任务的执行中被更高层的领导看到了他们的特殊才干而得到了提拔；也有些是因为业务发展太快了，被逼到了领导者的岗位上；还有些是在自己的专业岗位上做了很久，遇到了专业发展的天花板，要想更上一层楼就只能向管理岗位求发展了。大部分人成为领导者的推动力主要还是由于外在因素占据了主要地位，个人的内在动力不太明显。

然而美国心理学家德西·爱德华（Deci L. Edward）和

莱恩·理查德（Ryan M. Richard）在"自我决定"理论中指出，当人们凭借"自己想做，而不是不得不做"这种自主取向采取行动时，他们更容易被激发和坚持下去；反之，当人们在外部环境的影响下为了取悦他人或者获得奖赏时所采取行动时，反而不容易把行动坚持完成。所以领导者也需要向自己的内心深处不断探索——促使自己成为领导者的内在驱动到底是什么？为名吗？为利吗？为了成就自我、发展自我吗？还是为了成就他人、发展他人呢？这个问题没有标准答案，因为答案就在你的心里，当你诚实地面对自己的内心时，你就会得到一个清楚的答案。

在我采访了各类领导者后，我发现无论最初的动力是什么，随着领导者工作的深入开展，很多人慢慢地察觉到，原来带领团队克服困难，创造一个又一个最佳业绩，或者跨越一个又一个挑战，所带来的成就感，也是这个角色带给自己的一种很大的回报。还有的领导者发现，自己组建了一支和谐友爱、团结互助、氛围良好的团队，这也让他们倍感欣慰和动力十足。也有的领导者觉得，经由自己的领导行为，影响了团队成员个人的成长和发展，这些也令他们感到无比自豪，从而对领导者这个头衔有了更深的感受。

知名的领导力专家詹姆斯·库泽斯（James Kouzes）在《留下你的印记：体现领导力最高境界》一书中提到，领导力不是源自外部的各种因素，它源自我们的内心世界，那是我们能满足下属渴望与期待的唯一途径。所以作为领导者，你要认真思考并且回答的第二个问题是：

"作为领导者，我想在下属面前如何展现自己？"

这个问题的答案是需要各位领导者进一步审视自己，决定自己以何种姿态展现在下属和团队面前——是做一个戴着各种面具，在别人眼中装腔作势的领导者；还是做一个敢于袒露心声，展现自然本真的领导者。新冠疫情期间，张文宏教授受到了大家的追捧，不仅是因为他的专业能力，还有他的坦诚与本真。他可以有效地利用自己的专业才能来安抚人心，同时，他的表达真实，例如"人不能欺负老实人""我也焦虑，看我的黑眼圈"等，这些都让人对他自然而然地产生一种信任感。我想大家都会希望遇见这样的领导者。

"领导者"这个身份是组织赋予你的头衔，但是能否成为员工眼中真正的领导者是和你个人相关的。领导者的角色提供了很多机会让我们能展现自己的才干和特质，但同时我们也必须认识到，光有才干不足以让我们成为员工信赖的领导者。领导他人是一个人际互动关系，在这个互动关系中，要赢得人心，必须呈现"本真"的自我——通俗地讲就是"不装"。人都有敏锐的感知力，你是否真诚地展现自己，对方是能感受到的。所以想要获得信任，领导者就必须展现真实。

所以，各位领导者，当你思考并写下以上两个问题的答案时，领导者这个角色对于你的意义和挑战就逐渐展现在你面前了。当你对这些问题的答案越来越清晰，你就会有一种内心充实和根基深厚的感觉，焦虑消失了，担忧减轻了，心中会有一种去做点什么的冲动，就像有个声音从心里发出："去尝试下一步，一定能成功。"

我们过去在本能防御层和敏感脆弱层里所构建的心理舒适区里是不会深入地去拓展意义的。当我们勇敢地直面自己的盲区，接纳并开放自己的隐藏区后，就能看到"防卫"模式对我们自身成长和原力觉醒的阻碍，还会具备拓展与建构"意义"的良好基础。在真实自我层里，我们可以通过和自己的对话，开始对意义的拓展，从而让自己有明确的方向感和前进的驱动力。

这样的探索是在"潜能区"里进行的，潜能区是我们自己和他人都不知道的一些有待开发的内在特质、能力、智慧。

我们每个人都有无限的潜能，藏在真实自我层内，事实上，在这个本真（Authentic）的自我内在，有各种各样的宝藏等待我们去挖掘，例如我们的优势、特质、驱动力、原生的能量……所以不需要去羡慕他人，每个人都有这些宝藏，这是我们生而为人的优势。我们要做的就是，通过与真实自我的对话，让自己的这些潜藏能量能够发挥出来，觉醒我们的领导原力，并且在原力的支持下，从容面对环境的各种挑战。

这是松绑固定型心智模式后，转向成长型心智模式的一个重要契机。这时候领导原力会慢慢醒来，借着成长型心智

图5-2　乔哈里视窗——潜能区

模式的启动开始发挥作用，它会让我们更好地看到真实自我层中我们一切美好的特质、才能、价值观……初醒的领导原力，赋予领导者强有力的内在驱动力，它让领导者能清楚地知道，为何做领导者，如何成为忠于自己内心的领导者，如何成为适应未来发展需要的领导者。

第三节　回归本真，成就有意义的领导者

> 想要恢复一个人的内在力量，就要让他看到未来的人生意义。
>
> ——维克多·弗兰克尔（Viktor Frankl）

我坚信，每个人的内心都有一种渴望，就是能决定自己的生活方向，并且基于自己的价值观做出主动选择。人们都

渴望在人生旅途中能过有所作为的生活。原力领导者的最佳
状态是能最终明确自己人生的方向并在它的感召下稳步向前。
但是意义的拓展不是一蹴而就的，意义既不是别人赋予的，也
不是单纯依靠静坐冥想就能想透的。生命的意义只能通过自身
与外界环境的不断互动去发现和建构。"领导者"这个角色其
实赋予了我们很多机会与不同的人和外界环境进行充分的互
动，这让意义的拓展在自我对话的基础上可以变得深入而丰
富。当我们和身边的人、自己所做的事情、未来的目标之间
建立起深度联结时，我们的意义建构也就开始了。最终我们
可以带着意义感活出自己想要的生活，成为自己想成为的样
子。这不仅对于领导者很重要，对于我们每一个人都很重要。

建构意义

拥有意义感的领导者对未来的长远目标更有韧性，能够
坦然面对失败与挫折，因为意义感可以让人即使在恶劣环境
的威胁下也能绽放光芒。著名心理学家、意义疗法的创始人
维克多·弗兰克尔有过一段在德国纳粹集中营死里逃生的经
历，在这个艰难的历程中，他产生了一个重要的体会——人
对意义的追求会让人的内心产生一股精神动力，即便是在集
中营这种极端恶劣的环境下也同样有效。而要最终成为什么
样的人，仍然主要取决于人们内心的决定。

图5-3　领导原力觉醒AWAKE模型

　　弗兰克尔的研究发现，人们从事某项事业，直接追求成功并不会给自己带来幸福，因为追求成功的观念容易引发一个后果，就是人们会因为自己的不成功而感到羞耻，这反而会加重人们本身的不幸感和抵抗情绪。而一旦人们找到了意义，不但会感到幸福，还会具备应对磨难的能力，那时成功与否也不再成为衡量幸福的标准。弗兰克尔告诉我们，我们很难控制生命中发生的事，但是可以控制面对这些事情时的情绪和行动。拥有意义感的领导者能把磨难当成磨刀石，把忍受痛苦体验转化成对内在力量的考验，表现出更强的复原力。

　　既然意义感对于每个人都那么重要，领导者如何在工作中、在与他人的互动和环境的互动中建构意义呢？根据弗兰克尔意义疗法的理论和我日常的实践，领导者可以通过以下三个途径去建构意义。

途径一：加强与人的联结，获得意义来源

人是群体动物，当我们与身边人产生紧密关系后，为他们所做的事情就会变得非常有意义。我曾经看过一部纪录片《含泪活着》，记录了一个经历了"上山下乡"的父亲，为了给自己的女儿开创一个与自己完全不一样的人生，他独自一人默默地在日本打了15年的黑工，节省每一分的收入，忍受远离亲人的孤独。在他看来，这样常人难以忍受的生活有着非凡的意义——为孩子的未来所付出的每一滴辛劳汗水都万分值得。同样，我也见过一位领导者，他带领着一个12人的团队艰苦创业，大家吃、睡、工作都在一间狭小的办公室里，每次和大家一起熬夜加班，哪怕只能吃泡面果腹，他也觉得很有意义，因为这群伙伴带给他的不仅仅是工作上的支持，还有一种荣辱与共的浓浓归属感。

正在看这段文字的各位，请你也想一想，你和身边的哪些人有紧密的联结？他们可以是你的家人、朋友、同事、上司。想一下，在和他们的互动关系中，你对他们的影响是什么？他们对你的影响又是什么？从中你发现了这些关系对你的意义是什么？

途径二：全情投入去做事，获得意义感

当你全身心地投入一件事情时，也能获得意义感，当然如果这件事情还能对他人产生积极的影响，那么意义感会更加充足。新冠疫情期间，大家都待在家里，很多企业的业务停滞，面临困境，而这些企业的领导者也面临着前所未有的压力。我们很多企业教练都拿出时间，做了大量公益的个人或者团队教练工作，期望能尽自己的绵薄之力来支持各类企业和领导者，让大家能从迷茫、焦虑的情绪中走出来。虽然是公益项目，但是我交付的质量标准和以前的收费项目是完全一样的，因为这件事情和我的价值观和事业目标非常一致，让我觉得很有意义。所以当我们从事某些自己热爱的事业时，也能获得意义感，但是前提是你必须全情投入而不是敷衍了事。因为只有当你全情投入时，你才能从中感受到这件事情对于他人的价值和带给自己的意义。如果只是敷衍了事，那你和这件事情的联结感就很弱，就是在完成一件不得不做的事情而已，情绪能量也不会高，这件事情的意义就变得很牵强。

所以请各位认真地思考一下，你在全情投入做的事情或者你领导他人一起奋斗做的事情，带给你的意义是什么？这些事情对哪些人有积极的影响，对这个世界又有何种价值呢？

途径三：改变视角，发现意义

作为领导者，我们身上所肩负的责任会带来很多的压力，如果我们太过于在意压力对于自身的影响，我们就会被压力压垮。但是如果我们跳出来，从一个旁观者的角度去看待那个当下处于压力中的自己，我们的感受可能会很不一样。新冠疫情期间，我的一位从事餐饮业的朋友，面临前所未有的压力——餐厅无法正常营业，员工工资和房租向大山一样压向她，使她一下子负债几百万元。用她的话来说，就是一个浪头把她打回到了10年前刚刚创业时的状态，一切从头开始。当我让她站在10年后自己的视角，回看当下的这个挑战时，她发现，这就是一段经历，一段能帮助她成为未来那个更好的自己的宝贵经历。她快速地改变经营方向，做有特色的外卖来缓解堂食急剧下降的困境。随着疫情的缓解，她的餐厅又慢慢活过来了。虽然无法百分之百恢复到疫情之前的火爆，但是她和她的员工都有信心能扛过这段最艰难的时期，重新站起来。我可以想象她每天背负着怎样的压力在忙碌着，支持她的除了要为自己的家人和一起创业的员工奋力打拼的念头，还有一股从这个挑战中打造更好的自己的推动力。这就是改变视角的价值。如果我们改变看问题的视角，把关注点从当下的困境里拉出来，放到一个更广大的范围，放到一个更长的时间线上，那么我们就更容易找到并建构当下这个挑战背后的价值和意义。

　　请各位反思一下，你目前正面临的一个挑战、一个困境（工作和生活中的都可以）是什么？想象一下，如果这个挑战、困境是个礼物的话，对于你的意义是什么？如果你没有当下的挑战、困境，你也可以回想一个过去经历过的挑战或者困境，反思一下，那段经历对于你的意义是什么？

　　以上三个方式可以帮助我们在日常繁重的工作中建构意义，并且在意义感的驱动下，活出每个人想要的生活。意义的建构源于我们和身边人的联结，源于全情投入所做的事情，同时我们也可以灵活变化视角而从每一段不同的经历中发现点滴意义。作为领导者，当你能建构自己的意义后，你也可以用这些方法去影响你身边的人，特别是你的团队成员，从而创建一个人人都有意义感，每天的工作都有劲头的积极团队。

回归本真

　　领导者之所以成为领导者，是因为有人跟随。**领导团队是一个人际互动的过程**，下属欣赏的领导者是什么样子的呢？他们最希望的是领导者能展现出**真实的自己**，并清晰地告诉大家——"我是谁？我推崇什么？为什么由我来领导大家？我想把大家带去哪里？"哈佛商学院教授比尔·乔治

（Bill George）在其《真诚领导力》[1]一书中特别谈到"Authentic Leadership"一词，有人翻译成真诚领导力，而我更倾向于称之为"本真领导力"，因为真诚是一种个性特质，而本真更好地诠释了一个领导者的整体性。我理解的"本真"领导者就是原力领导者，是拓展了真实自我层中各种美好特质、才干，并且在心智模式和情绪模式上不断升级的领导者。比尔教授认为，一个"本真"的领导者具备以下的特点：

1.不装，不作秀；

2.不断成长；

3.言行一致；

4.良好的自我认知与同理心；

5.灵活的领导行为。

我总结原力领导者的核心特点与之相似，例如稳定的内在状态、快速的情绪复原力和灵活的反应等。这些都是当领导者回归到真实自我层时，和领导原力相联结后所展现出的特点。

"展现本真"这个词很容易让人们联想到一个词，就是"做自己"。现在"做自己"变得有点负面含义，因为很多人对于"做自己"的理解就是我可以随心所欲做自己想做的事情，不用顾及他人的感受和对环境的影响。我见过一些崇尚"我的脾

1［美］比尔·乔治：《真诚领导力》，邱晓亮译，北京，东方出版社，2011。

气就是这样"的领导者，他们个性外向、情绪丰富，在与下属谈话时，特别是针对下属的不当行为或者不良绩效等话题时，他们经常会抑制不住内心的强烈情绪，劈头盖脸的批评就像机关枪的子弹一样喷射而出。下属被批得体无完肤，只能用沉默来做最后的抵抗。而我认为，以上的行为是对"展现本真"的误读。

　　真正的"做自己"是在和自己的原力联结，突破了固定型心智模式与低能量情绪层级，升级到成长型心智模式与高能量情绪层级后，从而展现出的对于环境和他人的良好互动行为。这个"做自己"不是任由自己的想法和情绪倾泻而出，而是能看清自己的情绪和想法是怎么来的，其背后受什么样的心智模式和信念的影响，并基于这样的发现和理解，能运用合适的方式来有效地表达自己的想法和感受，形成与他人的良好互动。"我的脾气就是这样"的领导者通过教练会谈会发现，其实"我的脾气就是这样"的背后，是受到了"我是无法改变脾气"这种绝对化信念的影响，同时也能看到这样肆意发泄情绪带来的负面影响——会让下属采取消极抵抗策略，而希望解决的问题并没有得到解决。

　　回归本真，是希望领导者能展现真实自我层中各类美好的特质、才干和潜能，并在一次次的成功或者失败的经历中，不断反思和升级自己的心智与情绪模式，改善自己的领导行为，使个人和团队持续成长。

我们可以通过以下几个练习，来探索"本真"的自己和自己想成为什么样的领导者。

【练习1】自我发掘

静下心来认真思考以下问题的答案，少用你的理性脑，更多倾听自己内心的声音（在回答这些问题前，可以尝试做3分钟的静坐和深呼吸）。

我作为领导者的优势和才干是什么？	
我热爱"领导"工作中的哪些部分？	
人们为何要跟随我的领导？	
我能向下属提供的最重要的贡献是什么？	

【练习2】构思画面

1.思考在作为"领导者"这个角色时，你所对应的重要关系人（与你在工作上产生交集，并且对你的领导工作有直接影响的人），写下他们的角色和名字。

2.想象在你的退休欢送会上，以上重要关系人都到现场来向你祝贺。你希望他们如何评价你对他们的工作和人生带去的影响？

角色	重要关系人	评价

【练习3】领导力发展目标

1.写出3个对你有深刻影响的领导者（可以是你过去的老师、上司，或者是公司的高管、你崇拜的领导者），想一下他们有哪些特点，对你产生了什么样的影响。

姓名	特点	影响

2.综合练习1、2问题的答案，认真思考一下，你想成为什么样的领导者？

我希望成为_____

_____的领导者。

遵循价值观处事

在真实自我层建构了意义的领导者有个显著的特点，就是拥有清晰的价值观，并且能遵循价值观做事。我们在日常的工作和生活中都见过这样的情景，就是当我们不是以自己最真实的想法去做事的时候，那种"违心"的感觉会让我们的动作变形，无法展现真实自我的光芒。就像在公众面前演讲时，如果你所讲的内容是发自内心的，哪怕语言非常简单，听众也很容易被打动。反之，如果你的目的是为了取悦听众，而不是分享心声，那你就会被自己的表达是否讨喜、形象外表是否光鲜等因素所困扰，反而无法真正打动听众。

同样，如果领导者把自己的价值观看作是内心深处的核心原则，那么领导者的处事原则就是这些价值观的产物。价值观引导着你的思想，然后你会把这些思想付诸行动。当我们不依据自己的价值观做决定时，我们要么没得到想要的结果，要么就直觉上感到不对。当我们没有按照真实自我的本意去行事，我们自己的根基就会动摇。就像我们站在摇晃的岩石上，脚步飘忽不定，会感觉非常不安。

每个人都有自己的价值观，并基于此产生各自不同的行为原则。人们不会互相询问价值观，但是你的一言一行都能体现出你的价值观。

根据神经语言程序学（NLP）理论，人们有三种途径意识到自己的价值观。最常见的途径就是价值观被违背的时候，比如当有事情发生让你感觉不舒服、不安或者不协调，那就是你的价值观显现的时候。如果领导者的价值观里有"成就"，当下属的工作效率和效能不如人意时，领导者就会非常的愤怒。

第二种途径是当你实现、遵守了你的价值观的时候，你会感觉非常棒，有一种内在的喜悦感和稳定感。比如在和下属的沟通中，你"诚实"的反馈也获得了同样"诚实"的回应，你就会感觉轻松和愉悦。

第三种途径是通过有意识的内在拓展，深入冥想，和你的使命相联结而获得，这种拓展可以触及最深层次的价值观。

这些途径都是可以来发掘和检视自己的价值观的。当然还有一些工具，例如舒瓦茨的价值观量表（Schwartz Values Survey）、价值观卡片等，都可以帮助梳理对自己而言重要的价值观。

在教练实践中，我们发现，一个比较好的梳理价值观的方法是**排序**，即找到对个人而言最重要的5~10个价值观，并且真的在工作和生活中践行这些价值观，把它融入到每天的行为中。当每一次做艰难决定的时候，最好都以价值观来做判断依据。

当你梳理出来对个人而言重要的5～10个价值观后，把与之对应的个人行为也做个梳理。例如"善良"是我的一个重要价值观，那么相关的行为就可以是：友善地对待家人、同事、朋友，在他们求助时，提供尽可能的协助。这样的梳理就可以帮助你对于自身的价值观有更深刻的思考。同样，对于价值观的理解每个人都不一样，比如同样是"善良"，也有人认为自己与善良相关的行为是：不给别人添麻烦。这些都是可以的，只要我们自己清楚就行。

【练习4】梳理你的价值观

1.请写下你崇拜的3个领导者的名字，这3个人可以是你的长辈、朋友、以前或者现在的领导，在他们身上有特别的闪光点值得你崇拜。

2.从下面的价值观词汇表中，找出契合他们身上闪光点的词，最多不超过10个。

友善	幽默	创意	可依靠	独立
成长	有能力	创新	魅力	灵活
家庭	勇气	有效	尊重	真实
团队协作	提供服务	忠诚	同理心	快乐
挑战	果断	自律	成功	富有

简单	思维开放	诚信	沟通	和睦
自主	友谊	责任	健康	智慧
爱	自由	信任	质量	冒险
竞争	权利	公平	韧性	努力
言行一致	谦虚	尊严	慷慨	贡献
乐观	妥协	公正	耐心	热情
专注	成就	体贴		

3.从上述你所崇拜的人身上具有的10个价值观词汇中，挑选出作为领导者，你最推崇的3~5条价值观。

例如，我的一个客户是如此获得他的价值观的。

10条价值观	领导者价值观
成就	责任
尊重	尊重
专注	公平
真诚	成就
快乐	真诚
公平	
家庭	
韧性	
乐观	
责任	

4.根据选好的领导者价值观，写出对应的处事原则。注意，一个领导力价值观，通常可以有1~3条原则来对应，每个价值观请至少写出1条处事原则。

领导者价值观	处事原则
责任	勇于当责，不甩锅
尊重	像尊重自己一样尊重他人
公平	一视同仁，问心无愧
成就	追求卓越，终生成长，不断挑战自己的舒适区
真诚	示人以真，表里如一

【练习5】

对照个人与组织的价值观，发现异同点，并回答以下问题：

1.与组织相同的价值观对你的工作的助力是什么？

2.与组织不同的价值会对你的工作产生什么影响？

3.你如何将这些影响降到最低呢？

价值观的梳理让我们可以和真实自我联结得更近，获得回归本真的真实感。对于领导者而言，不但要明确自己的价值观，还要在每天的工作和生活中践行这些价值观，让自己无论是在做决定的时候还是在面对困难挑战的时候，都能够遵循我们的价值观，听从内心的声音来做出选择。

【练习6】践行价值观练习

请列出你的5个领导者价值观。

1.
2.
3.
4.
5.

基于上述5个领导者价值观，给自己打1～10分。其中1分代表你很少遵循这个价值观行事，10分代表你一直有意识地在遵循这个价值观行事。

领导者价值观	打分
1.	
2.	
3.	
4.	
5.	

列出你获得10分的领导者价值观，回答以下问题：

领导者价值观	当完全按照这个价值观行事时，工作/生活看起来是什么样子的，感觉如何？	你怎么知道自己在这个价值观的践行上获得了10分？

列出你获得10分以下的领导者价值观，回答以下问题：

1.是什么令它当前的得分没有到10分？

2.做了什么或者发生了什么事情导致你破坏了这个价值观？

3.你会做点什么来提高这个分数？

4.这样做的可能障碍是什么？

5.你准备做些什么来克服？

6.你认识的人中，有谁很好地践行了这个价值观？他们会给你什么样的建议呢？

对于我们每个人来说，厘清价值观是至关重要的，价值观越明确，我们就越容易找到自己前进的道路与方向。

当领导者不断发掘真实自我层中的这些潜藏的价值观，并通过在每日的工作和生活中践行这些价值观时，我们才能在建构意义的过程中，让内生动力变得坚定而持久。这样，在面向自我成长的目标时，我们才能勇往直前，百折不挠。

　　建构意义的过程就是领导原力觉醒的过程，当领导者开始真正倾听自己内心真实的声音，回归本真并践行自己的价值观时，他们已经与领导原力联结，并获得了源源不断的内在能量，拥有稳定的内在状态和情绪反应，由此所展现出领导行为，更能满足员工的期待和组织的需要。

本章小结

　　发展领导能力并不需要收集大量的新信息，或者花很多钱去学习各类领导力课程。我们需要做的是向内看，探索那些已经存在于我们内心深处的东西，释放出内心深处的领导潜能——领导原力。我认为，领导者原力的初醒始于领导者发掘意义和价值观，展现真实自我之际。当领导者和真实自我层中各种美好的特质、才干和潜能相联结之时，就能唤醒原力。而这股力量会让领导者具备勇气和力量迈出真正转变的步伐。

你的建构计划

　　请你认真思考一下，你想如何构建你的意义，并且利用下面的表格来帮助你真正的达成。

　　计划人：

Wish，愿望或目标	
Outcome，结果	
Obstacle，障碍	
Plan，计划（如果，就）	

21天计划表格

　　选择你"如果，就"计划中的一个重要的行动，开始21天的刻意练习吧。

行动	第①天	第②天	第③天	第④天	第⑤天	第⑥天	第⑦天

行动	第①天	第②天	第③天	第④天	第⑤天	第⑥天	第⑦天

行动	第①天	第②天	第③天	第④天	第⑤天	第⑥天	第⑦天

第六章

跨越舒适，迈向成长

　　拥有意义感的领导者已经可以与领导原力同在，体会到这股原力所带来的内在能量，但这并不意味着领导原力已经全部觉醒了。只有在建构人生意义的过程中不断地突破、转变无效的心智模式，进入了稳定的成长状态，才能称之为原力的觉醒。所谓成长状态就是从原力到行为实现了持续的正向循环，而这个过程中最重要的就是走出自己的舒适区。

　　走出舒适区并非易事，需要我们激发自己的勇气，敢于挑战自己。所以我们在走完原力觉醒之旅的前三步之后，才会开始这迈向成长的关键一步。在放下了防御、接纳了脆弱、建构了意义之后，领导者更有勇气不断探索自己的旧有心智，走出原有的舒适区。

图6-1　跨越舒适，迈向成长

　　对于领导者来说，走出心理舒适区的过程，也是心智模式不断转变的过程。旧有的心智模式是走出舒适区的最大阻碍，虽然我们在AWAKE觉醒之旅的第一步就讲了如何松绑固定型心智，但心智模式的转变不光需要认知上的升级，也需要情感上的支持，还需要通过具体的实践与反思来克服转变所带来的诸多不适。领导者只有通过时时的觉察和不断的剖析，才能发现旧有心智模式是如何让我们在舒适区而无法自拔的。只有完成从认知升级到情绪调节、再到心智转变的行动实践，我们才有可能跨越"知道"和"做到"之间的鸿沟，才能够实现真正的成长。

【本章阅读指南】

1.为什么我们习惯于路径依赖，无法走出舒适区？

2.如何在初醒的领导原力的支持下，通过两个方法来激发勇气，获得信心？

　　3.如何用"对比法"来升级心智模式，冲向原力觉醒的终点？

第一节　"尝试改变"的领导者

　　公司在新财年来临之际的一道任命，让张楠既喜也忧。原本只做集成电路的公司现在正式决定进军软件行业了，为此单独成立了一个子公司，张楠就是总公司认定的子公司总经理的合适人选。这一方面是因为张楠可以帮助软件公司攻克一系列的技术难关，另一方面，公司也想借这个机会锻炼张楠的经营能力，让他成为一名更加全面的高管，毕竟张楠过去的管理经历，主要还是在管理技术团队上。为了保证子公司的顺利运营，公司也配备了在业务方面非常有经验的团队，这个团队与张楠合作过，对他非常信任。但运营能力的缺乏，还让张楠缺少了点自信，只要谈到对子公司整体经营结果的预测，他总是顾虑重重。半年下来，张楠越发的紧张和焦虑。考虑到张楠目前的状态，公司决定请企业教练对他进行专项的支持。

上任前的担忧

在正式任命前，张楠曾找过老板多次，坦言自己对风险的焦虑，对失败的担心。

因为在张楠心里，过往的一次失败经历，让他始终耿耿于怀：很多年前，他也曾单独负责过一款软件产品的开发与推广。他也曾认为以自己的聪明才智，别人能做成的事，他也不会差。但由于他在决策上的一意孤行，排斥了很多中肯的建议，结果这款产品出师未捷。这次失败成了他一直不愿意再提及的痛。

知道了张楠要升迁的消息，已经离开公司多年的一个老上司特意约他吃了个饭，语重心长地对他说："这是你难得的成长机会，你可别犯傻，不能再按着过去的脾气秉性做事了。越有挑战，越是机会，即使没干成，回来再做你的CTO，你也会更成熟。"老领导的话让张楠有所触动，他马上想到了教练会谈中关于脆弱性的话题，现在的焦虑很可能是对新职位所面临的不确定性所引发的，所以他要尝试先接纳自己现在的不安，接纳自己焦虑的情绪。很快他开始意识到，一个高管的成长之路从来都是"炼"来"炼"去的，只要是真金就不怕火炼，而这个新职位能带给自己很多成长的机会，这段经历也会给他的职业生涯带来非凡意义。

上任后的重重挑战

　　张楠鼓起勇气，正式履新上岗了。软件子公司虽然刚刚成立不久，但人员不少，包括从集成业务转过来的编制，已经有了400多人。然而业务公司的前景和他一开始担心的一样，一眼望去，几个目标市场的预测均一片惨淡。他开始带着核心管理层的几个人竭尽全力，试图做出一个完美的战略规划。根据过去的经验，张楠做了一份和过去他做的大型技术开发项目差别不大的战略规划方案，请管理团队开会讨论。看着这样的战略计划，大家有些无从下手。

　　看到大家的反应，张楠开始意识到了一个问题，就是自己似乎又陷入以前的管理经验中了：以前在总公司负责技术中心时，他在技术方面最资深，很多事情可以自己扛，所以他习惯了独立思考，独断专行。按他以往的经验来看，任何目标都是干出来的，可以边干边摸索，不需要在共识上太过计较。但现在软件公司的核心管理层的确和过去的团队伙伴不一样——大家资历相仿，各有擅长的专业和领域，也都有自己独到的见解，与他们合作，可能群策群力的决策方式才更有效，也更适合。所以他开始试着改变以往的做事方式，学着去更多地倾听，鼓励大家各抒己见。以前的他只要听到有人提出不同的观点，就会让他很不爽，有时会直接当面驳斥，而现在，他会耐着性子问问这些不同观点背后有什么独到的思考。

不过好景不长，随着经营压力越来越大，这种各抒己见的共事方式又让他有些焦虑了。因为经常会出现一个决策争论得没完没了的状况，让他越发不适应。在急需改变的现状下，他有些失去耐心，越来越不愿意花时间去共识大家的想法了，觉得这样真的很浪费时间。他开始对高管们反复强调自己的原则，包括对经营指标、各自责任的明确，以及对市场的判断。确实在他的坚决要求下，虽然会议比以前沉闷了很多，但大家形成决议的速度快了很多，这让他的焦虑有所缓解。他认为或许经过一些时间，大家就能逐渐接受他的做事风格，他会用结果来证明自己这样做是对的。

各种反弹

但没过多久，他在管理上的这种做法还是引起了公司上下的不满。核心团队成员认为他不参考大家的意见与想法，在一些决策上太过守旧，不考虑发展的变化和具体的情况。虽然他能意识到自己的做法确实还有优化的地方，但张楠还是有些不能接受这样的反馈，至少他觉得，与其大家讨论来讨论去，不如干点实际的更简单。

转变的挑战

　　张楠的内心充满了矛盾，一方面他确实想改变过去依赖自己经验的做法，但另一方面，新的尝试又没能带给他想要的结果。带着这样的矛盾，他再次坐到了我面前寻求帮助。

　　经过前几次的教练会谈后，张楠和我之间的沟通也变得更为放松和直接了。他表达了自己尝试新做法但是失败了的沮丧，也表达了自己的矛盾和纠结，希望能找到一个更有效的解决办法。我鼓励他敢于突破自己旧的工作习惯、愿意倾听大家的意见和想法的勇气；也鼓励他做出改变的不易。当我们深入探索他的话题后，张楠发现，其实他内心对于改变的动力还是有所欠缺、不够坚定的；特别是当他遇到现实的挑战时，很容易就退回到舒适区。看起来这个改变还真是不太容易啊！

案例分析

　　很多和张楠一样的领导者，在领导原力觉醒的这个阶段，已经可以觉察到自己的心智模式是如何左右自己的行为了。就像张楠，经过对自己心智模式的仔细剖析，他开始有了新的认识。虽然他清楚地知道"领导者"这个角色可以让他更好地成长为一个有担当、负责任的人，但是，他如果想获得成长，还是需要不断地突破自己固有的心智模式，不然在压力下，他还是会退回到"防卫"模式，并令他的内在状态和领导行为都产生偏差。

张楠的回退很正常，因为在改变的过程中，往往伴随着各种不确定的影响因素，这些影响因素会考验我们改变的动力是否足够、心智模式的转变能否真的实现，等等。后来张楠告诉我，他发现每当他坐在会议室看着大家来回讨论的时候，他内心是很着急的——这个着急背后是他对于效率的迫切需求，还有他想从大家的讨论中梳理出一个可行方案的需求。他还发现，从"依靠自己"到"相信团队"的这个心智模式实际上还没有实现完全转变，还需要更强化他自己的内在动力。

改变是不易的，迈出改变的第一步尤其关键。所以若想勇敢地跨出第一步，并且能让这一步走得扎实、走得坚定，需要我们在心智模式的转变上做出更多的努力。

第二节　阻碍成长的舒适区

领导原力的觉醒之旅也是实现领导者内在成长的过程。不论你有何种目标、为何奋斗，只要你想在今后的人生中不断地实现自我价值，那就需要"持续成长"，只有成长才能给我们带来持续的成就感、满足感，让领导者更有影响力。RUPT时代让领导者不得不面对很多新的挑战，以往的经验有效期越来越短。成长是领导者对自己的一份承诺，是为了成就更好的自己必须付出的努力。

美国著名精神科医生斯科特·派克（Scott Peck）在他的经典著作《少有人走的路》中指出，成长是心智不断成熟的过程，成长的过程必然是一个艰苦的旅程，它必须与自然力量对抗——那些人所共有的、循规蹈矩的本能倾向和习惯，比如人们习惯于保持原状，习惯于使用被验证过的、安全的旧方法。所以成长对于领导者来说，并不是一件轻松的事。

人人都有的心理舒适区

我们的身体有一个运动的舒适区，高强度的运动或锻炼通常会让身体感觉不舒服，但这种超出了舒适区的运动，会让我们的肌肉和骨骼变得更强壮。我在第二章中已经提到，**贪恋舒适区是造成领导原力被封存的主要原因**，因为"心理舒适区"是人们习惯的、固有的心智模式，是人们感到熟悉、驾轻就熟时的心理状态，一旦超出了心理舒适区，我们就会感觉到不安。

如图6-2所示，诺埃尔·蒂奇不光提出了舒适区的概念，而且把人们成长时必然会触碰的三个区域——舒适区、学习区、恐慌区进行了对比。相比舒适区，学习区是需要你去学习有一定挑战的新知识与新技能，但是挑战还不至于超过极限，让自己产生想逃避的行为。而恐慌区则是需要你去学习一些严重超出我们能力范围的知识、技能，会让我们陷入严重的焦虑与恐惧中，想要马上逃避。

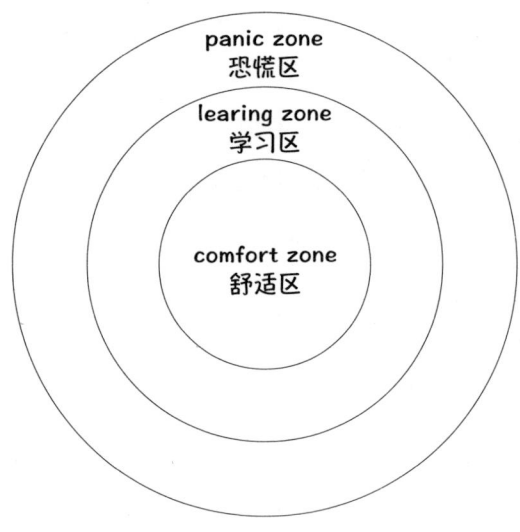

图6-2 舒适区、学习区、恐慌区

成长就是要不断挑战自己，走出舒适区，而不享受习惯的保护。当学习区变成了新的舒适区后，那么下一轮的突破、成长就又开始了。

越来越多的认知科学研究证明，**舒适区实际上是由心智**

模式勾勒出来的一个心理安全范围。舒适区是每个人的基本需要，也是安全感的来源，符合人类趋利避害的本能。为了免受心理上不舒服的感觉，人们会重复最熟悉的行为模式来应对外在环境与挑战，从而减少焦虑和恐惧，保护我们的自尊。总之，舒适区里充斥着我们的各种习惯，但也正因为这些习惯，让我们活在了过去，不愿接受新的挑战。

心智模式让我们依赖"舒适"

舒适区形成的过程，是旧有经验不断累积的过程。人们原有的行为和思维方式，经过不断的强化就会逐渐变成习惯，形成依赖。

舒适区给人最大的好处是能够带来掌控感。一旦超出这个控制范围，面对新环境、新事物、新挑战时，人们的内心会从原本熟悉、舒适的状态进入到紧张、担忧，甚至是恐惧的状态。**人们难以走出心理舒适区，来源于对自己熟悉的环境和行为模式的依赖**。究其根本，则与我们的心智模式有关。

正如美国麻省理工大学资深教授彼得·圣吉（Peter Senge）所说，心智模式是根深蒂固地存在于人们心中，影响人们如何理解这个世界（包括我们自己、他人、组织和整个世界），以及如何采取行动的诸多假设、成见、逻辑和规则。心智模式一旦形成，将使人不自觉地以某种固定的方式去认识和思

考问题，并用习惯的方式去解决问题。所以，转变心智模式
也是我们走出舒适区的最大挑战。

依赖"舒适区"的两个表现

　　在过去十几年的培训、咨询、教练实践当中，我见到过
无数活在舒适区的领导者，他们习惯于根据自己的旧有经验
去思考和解决问题，担心成长所必经的挑战，比较突出的表
现有以下两个方面。

恐惧失败

　　有些领导者对不确定性的适应性很低，他们做事时倾向
于降低风险，避免失败。他们希望事情的结果是可预知的，
会拒绝带有风险的新尝试。

　　研究成就动机的心理学家约翰·威廉·阿特金森（John
Willian Atkinson）发现人们的内心有两种截然不同的成就动
机：一种是追求成功，另一种是避免失败。而相比对成功的渴
望，对失败的恐惧影响力更大。当我们被失败的恐惧所驱赶
着的时候，就会变得战战兢兢、患得患失。相比成长的收获，
舒适区中的领导者的动力是避免失败，维护自己的尊严，让自
己不必承受失败之苦。他们认为努力去做而没有成功时，别人
都会认为他们的能力有问题，怀疑和嘲笑就会纷至沓来。这样

的领导者一旦经受过失败，就会深陷到失败的阴影当中，因为恐惧而裹足不前。这也是他们不能走出舒适区的重要原因。

听天由命，习得性无助

"习得性无助"指因为重复的负面经验所产生的一种对现实的无望和无可奈何的心理状态，这个概念来源于积极心理学之父马丁·塞利格曼（Martin E. P. Seligman）做的一个经典动物实验，后来他发现这种现象在人类身上也会发生：如果一个人觉察到自己的行为不可能达到特定的目标，或没有成功的可能性时，就会产生一种无能为力或自暴自弃的心理状态。**习惯于舒适区的人，会有意回避让自己感到压力的行为或场景，这些回避性的行为是动力不足的表现**。这种状态下，我们容易认为自己可以影响的空间很小，担心即使付出努力，依然不能取得对应的成果。

很多领导者喜欢用恐吓的方式来推动自己和别人的成长，原因是焦虑和恐惧的力量最强大，最容易被激发和使用。这些领导者觉得利用外部的压力来推动自己，这样就能让自己进步和改变。他们本能地相信，只有巨大的压力与挑战才是自己成长的动力。但这样做，其实很容易让自己进入到持续焦虑和恐惧的状态，也就是诺埃尔·蒂奇所说的恐慌区，而长时间处于恐慌区内会大大降低我们对成功的信心，久而久之，不断产生的负向经验会转变成对自己的失望，呈现出"习得性无助"的心理状态，让自己变得听天由命。这样做的领导者不但不能获得成长，反而让自己退回到了舒适区的状态，而且比进入恐慌区之前更加渴望舒适，拒绝成长。

第三节　激发勇气，升级心智，跨越舒适区

> 真正值得敬重的人不是那些评论家，也不是那些指出强者是如何跌倒、实干者该如何做得更好的人——荣誉属于那些亲临竞技场、满脸泥泞、血汗交织的人，属于那些英勇前进的人……若是成功，他们便能品尝到伟大成就带来的胜利的滋味；即便失败，他们至少也已展现出自己真正的勇气。
>
> ——西奥多·罗斯福（Theodore Roosevelt）

美国心理学家亚伯拉罕·马斯洛（Abraham Maslow）认为："一个人成长时，内心会有两股拉力，一股拉力倾向停留在舒适区，害怕离开熟悉的地方；另一股拉力倾向自我实现，希望自我得以成长、完善。"而想要迈上自我实现的道路，既需要我们有勇气跨越舒适，还需要有方法转变心智模式。

图6-3　领导原力觉醒AWAKE模型

激发勇气，敢于试错

我们都渴望成长，但成长是一种选择——选择放弃自己的控制感，走出舒适区，则意味着要放下已经习惯的应对环境的方式，这是一个艰难而且不适的过程。这个过程不光要求领导者对自己完全负责，同时也需要巨大的勇气来支撑。

勇气在情绪层面带给我们积极的体验，可以让我们摆脱焦虑和恐惧的影响。在领导原力的加持下，勇气让我们走出舒适区的步伐变得有力。

从霍金斯能量层级表（见图4-3）来看，勇气（能量级

200）是正向情绪与负向情绪的分水岭。勇气是一种面对不确定而不被恐惧征服的能力，拥有勇气意味着我们能接受自己成长过程中所需遭受的失败，而不必担心别人会怎么看我们；勇气也能为我们提供一个改变和成长的动力，并且让我们有信心把握住机会。可以说，勇气是拓展自我边界、获得积极成就，以及内心坚韧不拔和果断决策的根基。

领导力大师詹姆斯·库泽斯在《学习领导力》中谈到，勇气不是让领导者不再产生恐惧，而是让你可以控制自己的恐惧，与恐惧共舞。他认为，勇气有两种，其中一种是大众媒体宣传中常见的大写的勇气——为了胜利至死不休，为了成功可以牺牲一切。我们并不是要领导者必须具备这样的勇气。**领导者所具备的勇气应该是一次次在现实工作与生活的磨砺中自我超越、突破原有认知的力量，也是敢于试错的力量。**

当领导者构建了意义之后，他们已经可以和领导原力联结了。领导原力是来自领导者真实自我层的潜藏能量，所以当领导者联结了原力时，就拥有了追求真实自我的动力和面对挑战的勇气。只不过这些勇气的力量还不稳定，需要更多的实践反馈，让自己感受到自己已经变得更加勇敢和自信。

验证勇气最直接有效的方式就是**勇于尝试，不怕失败**。

试错反思法

改变对错误的认识，才能把错误看作是学习的机会。桥

水公司的创始人瑞·达利欧（Ray Dalio）认为，错误是一定
会犯的，如果我们惩罚错误，其实就是鼓励大家把错误都藏
起来。这样，我们就失去了从错误中学习的机会，这对公司
的损失会更大。所以改变对错误的认知，不仅能让领导者有
突破自己的信心，还有追求成长的勇气。

　　如何改变错误的认知，激发内在的勇气？我给你准备了
一种有效的方法——**试错反思法**。

　　达利欧为了员工更好地成长，在桥水公司树立了一个鼓
励员工犯错的文化氛围，甚至还专门成立了一个错误档案，
把所有人所犯的错误记录下来，供公司其他员工学习。在这
里我也介绍给你一个与其类似的、能从错误中学习的记录思
考法。

【练习1】反思你所犯错误背后的收获

　　请你每天花些时间记录下自己一天之内所犯的错误，反
思这些错误的后果是否如你所想的那么严重，并思考你从这
些错误中学习到了什么。多做多错，如果你没能在一周之内
统计出10个错误，就说明你做得不够多。

　　通过这个记录与反思，我们不但能降低对犯错的焦虑，
还会让我们理解错误的积极价值，改变对错误的认知，坦然
接受错误，获得成长。

时间	所犯错误	错误的严重性	带给你的收获

打造信心，小步快跑

成长不是一蹴而就的，而是新经验持续替代旧经验的过程。神经科学的研究表明，当我们不断尝试不同以往的行为方式时，只要这个行为取得成功，就会在大脑中形成新经验，并且人们可以通过不断地获得成功的正向反馈来提升对新经验的信心。我有一个客户，为了调控自己易怒的问题，开始尝试一个新行为——当他感到生气时，就必须做5次深呼吸。开始实践这个方法后，他在与同事的沟通过程中，获得了出乎意料的沟通效果，并且不会那么易怒了。所以他感到特别开心，更加有信心和动力去持续地用"深呼吸"这个行为调控自己的情绪。随着不断练习，他发现自己在调控情绪能力方面有了非常大的提升。所以，要想走出舒适区，就需要不断提升改变的信心。

如何不断增强信心，产生走出舒适区的勇气？告诉你一个有效的方法——**小步拆分法**。小步拆分法实际上就是把原有的成长步伐变小，小到这一小步够轻易的成功。通过不断获得小的成功经验，为下一步改变提供足够的勇气。小的成功经验能够在我们内心塑造一种希望感，降低我们对成长的恐惧。

在教练的过程中，每次教练会谈结束前，我都会寻求当事人的一个力所能及的行动承诺——**"能做的一小步"**。在我们成长的过程中，最好不要与习惯的应对方式展开大规模的正面对抗，"能做的一小步"就是绕开惯性应对方式，引发我们行动的最简单的方法。简单来说，这个行动只是成长之路上迈出的小小一步，但这一小步也会对应获得一个小的成功经验。这样，每一次的小成功，就成为下一次改变的基础。小成功能够让潜意识识别成长的好处，也会塑造一种希望感，让内心认同持续成长的可能。

"能做的一小步"不只是一个关于如何获得最终成功的策略，更是一个关于让自己有所行动、有所坚持的成长策略。它的核心思想就是古希腊斯多葛学派的主张："努力控制你所能控制的事情，并接纳你不能控制的事情。"如果你需要有最终成功的承诺，才能去做一件事，那你已经陷入了让自己无法行动和成长的思维模式。

小步拆分法的重点不是结果，而是此时此地的行动，至于无数步之后的那个更大任务的结果，更不是我们当下所考虑的。"能做的一小步"让我们可以专注到能做的事情上，并把它做好，不知不觉中我们已经在大脑中建立了"成长的回路"。这个方法可以避免不确定的焦虑和失败的恐惧对行动的干扰。

【练习2】拆分一个难以执行的计划

请你找出一个你一直难以执行的行动计划，试着将这个行动计划中最难的部分，拆成自己一定可以完成的若干小步（没有特殊情况，一定可以保证完成的一小步），每小步的完成时长最好能控制在1个小时之内。然后，把所有的小步骤都列成一个清单，每完成一项，就在前面打上一个对钩。如果步骤很多，就先拆分一天的量。相信这样拆分之后，你行动的勇气会增强很多。最重要的是，先走好你当下的那一步。

行动计划项	可以拆分小步子	今天可以完成小步子（××月××日）	小步子的完成情况

比较强化，升级心智

通过试错反思，我们可以展现勇气；通过小步拆分，我们有了自信的来源。接下去，我们要在心智模式上做进一步的转化升级，从而迈出坚实的步伐去跨越"舒适区依赖"。人就像一台复杂的计算机，心智模式就是计算机的核心算法，行为只是输出的结果。所以，要想真正跨越舒适区依赖，就需要升级内在的核心算法。心智模式的升级是一个持续觉察与反思的过程，也是不断验证和强化新经验的过程。我们可以用**比较确认**的方法来不断体验和强化新的心智模式，这样的比较测试可以在两个相近的场景中进行，一个场景的行为用原有心智模式来支撑，另一个场景的行为则用新的心智模式来支撑，用真实的行为和结果去验证两种模式的有效性，从而加强对新经验、新模式的信心。

　　以张楠的情况为例，张楠心中知道团队的智慧一定是优于个人智慧的，但是当面对团队成员无法达成共识的情况时，他又觉得这样的工作效率太低。我看到了他在两种心智模式下的挣扎和纠结，所以邀请他在近期两个相似的真实场景里去进行比较测试。一个场景里，张楠用原有的心智模式去支持自己的行为；另一个场景里，我要求张楠努力用新的模式去支持自己的行为。张楠选择了一周中的两次例会进行尝试，第一次会议时，他依旧是常态表现；第二次会议中，张楠对很多下属进行了肯定，并有意虚心听从大家的建议，每当张楠出现不耐烦情绪的时候，他就暗暗地用笔尖戳一下自己，让自己继续回到耐心倾听的状态。会后张楠发现，用第二次会议的方式做出的决策和讨论，比第一次的更有效率和质量。

他之前觉得开会低效是因为他并没有真正去倾听和采纳大家的意见，还是以自己过去的惯性经验为依据，一旦会议中出现和自己想法不一致的声音和意见，要么就自动屏蔽了，要么就立刻想着怎么反驳对方。之后我和张楠又一起回访了几个参与两次会议的人员，大家一致认为第二次例会中的张楠更有魄力，更像一个实事求是、真诚且开放的领导者。团队的反馈让张楠倍感鼓舞，同时他也业余学习了一些"教练式领导"的课程，让他对于如何激发个人和团队的潜能有了很多新的认知。

再回到我们在第三章里谈到的可以植入的一些成长型心智模式，我们也可以在日常的实践中来做一下对比。

心智模式	对应行为	适用场景
我必须成功，不能失败		
从失败中学习		
我是团队中最重要的人		
团队中的每一个人都重要		
都是别人的错		
改变从我开始		

【练习3】用你的实践对比不同心智模式下的行为

　　按照新旧两种心智模式去实施日常行为，在实践中验证模式的有效性，并在下表中记录结果。

	对比的行为	客观的评价
原有假设		
新的假设		

　　比较得到的新经验还需经过不断的体验并强化才能实现心智模式的真正转变，所以在后面的21天训练里，也希望你可以找到你的旧有心智模式，并不断进行升级和强化，变成一个不断成长的领导者。

本章小结

　　作为一个领导者，成长的过程中充满了外在的挑战，这种挑战也考验着我们内在状态的稳定与否。对于RUPT时代的领导者，变化已经成为常态，在不确定中不断成长是新时代领导者的重要体现。

　　成长是一个不断走出舒适区的过程，这就意味着领导者要承受过程中的失败、不如意，并不断转变自己的心智模式。

每个人都会被旧有的心智模式所束缚，领导者也不例外。原力领导者能发掘那些对于当下和未来已经无效的信念与假设，通过有意识地进行自我心智的觉察，让在潜意识中自动运行的心智模式显化，显化之后才能进行心智的转化和升级，才能让自己真正的成长。

卓越的领导者会不断挑战自己的舒适区，这是得益于他们善用自身的领导原力，并且从中获得了稳定的内在状态。他们在成长型心智的影响下，自我觉察能力和自我调整的灵活度都可以很高。因此，常人所难承受的压力与挑战，他们可以从容应对。他们不会被暂时的失意和困难左右自己的情绪，在他们看来，压力与挑战是成功路上难免的经历。

所以，在行动上，我们要领导团队锐意进取；在心智上，我们要借助与他人和环境的互动来加速我们的成长，让我们变得更加成熟，这就是领导者的自我成长之路。不断升级心智的领导者，内在状态会更加稳定，在真实自我内的领导原力，也渐渐地与领导者融为一体，让领导者更加的积极、有勇气，更具有非凡影响力。

你的突破计划

请你认真思考一下，你想如何升级你的心智模式，并且利用下面的表格来帮助你真正的达成。

　　计划人：

Wish，愿望或目标	
Outcome，结果	
Obstacle，障碍	
Plan，计划（如果，就）	

21天计划表格

　　选择你"如果，就"计划中的一个重要的行动，开始21天的刻意练习吧。

行动	第①天	第②天	第③天	第④天	第⑤天	第⑥天	第⑦天

行动	第①天	第②天	第③天	第④天	第⑤天	第⑥天	第⑦天

行动	第①天	第②天	第③天	第④天	第⑤天	第⑥天	第⑦天

第七章

——

沉浸心流，巩固练习

领导者们一路走来，突破了本能防御层、敏感脆弱层，到达了真实自我层，并在真实自我层和自己的领导原力相遇。在原力的加持下，我们鼓起勇气迈出了重要的第一步，奔向未来那个更好的自己。但是，迈出第一步引发的势能需要好好维系，才能形成持续的动力。

AWAKE觉醒模型最后一步的重点，是需要我们继续发掘阻碍我们前进的心智模式，通过转变这些心智模式里的限制性信念，从而获得更有效的心智模式和情绪能量，让领导原力逐渐趋于稳定的状态。当领导原力趋于稳定，成为一股持久的能量之时，领导者的内在状态也就能获得持续的赋能，帮助领导者在和他人以及环境互动的过程中展现出应对自如的状态，并能通过对方的反应，感知领导行为的影响，及时调整自己的行为，调控自己的情绪，形成与他人和环境互动的良性循环，带领团队走向幸福和成功。

图7-1　沉浸心流，持续突破

【本章阅读指南】

1.领导原力觉醒中的终极挑战是什么？

2.如何通过心流体验，持续唤醒领导原力？

3.如何通过巩固练习，稳固成果，形成领导原力的新常态？

第一节　"不断被挑战"的领导者

与王斌的教练会谈持续了近半年的时间，我们能明显感觉到王斌有两个转变，一是他开始接纳自己，尝试调控自己的情绪；二是他也开始调整与压力相处的方式，不再只是一味的逃避。开始接受压力是成长必经的体验。

更加具体的挑战

王斌所在的外企是个欧洲的家族公司，公司虽然不像500强公司那样时时进行创新和变革，但也因为业务的萎缩在尝试变革，年中一过，公司就进行了重大的业务结构调整。总经理托马斯给王斌和他负责的IT部门下了指令，一定要在三个月内完成ERP（企业信息管理系统）的升级改造来配合业务调整的需要。但是他的部门非但不能增加人手，还需要抽出一部分人去支持新业务的IT开发。这样的任务是王斌从来没有遇到过的，他其实早就感知到了公司面临的业务挑战，过去平顺安稳的日子将被不断变化的市场压力所打破，而团队和他个人也都需要做出敏捷的改变才能应对挑战。

要在短期内完成如此大的工作量，王斌对此并没有十足的信心，但是他的直觉告诉他，真正的成长机会来了。可是实现这个任务光靠他一个人努力是不行的，需要他的团队和他一起拼搏，团队是否准备好了王斌心里没底。因为团队中很多成员都是老员工，很多人的司龄都超过了10年。过往的日子岁月静好，团队的压力很小，薪酬的性价比很高，这也是很多员工选择一直留在公司里的原因。但是这样的日子要结束了，王斌准备召开一次部门会议，来传达这个消息并了解大家的想法。

王斌精心准备了一番鼓舞人心的发言，希望能让团队对这个业务的变化有信心和动力，出色地完成任务。但是会议上的气氛并没有如他所愿，除了极少数人和他一样情绪高涨，更多的人表达的是对接下来工作的担心、对资源不足的忧虑。大家都觉得人手不足和工作量的增加会让本来在按部就班工作的团队受到极大的冲击。对于大家的反应，王斌在会前也有所考虑，但是他没有预料到大家的反应如此强烈。

团队的"应该"

王斌认为，每一个人都是组织里的一个角色，每个角色都必须承担相应的责任，并且需要跟着组织发展的需要来调整自己。所以他觉得团队里的每一个人都应该快速跟上发展的步伐，而不是固守在自己的舒适区里，每天只是准时上下班，不断重复自己做的事情，这样对大家的成长是不利的。他开始找一些人单独谈话，希望能做做这些人的思想工作，让他们能快速地行动起来。但是没想到的是，很多人对于工作的变化不但抱怨重重，而且不断向他索要资源，有些态度特别极端的员工，甚至扬言要去 HR 部门投诉他。这让王斌不禁产生想换掉一些"老油条"，引入新鲜血液让这个团队的活力能够被激发的想法。可是换人这条路也被堵死了，因为公司编制的限制，人员只能出不能进，砍掉任何一个人都意味着损失了一个还能干活的人。团队成员难以沟通，没有成长性，这让王斌很苦恼。

托马斯的"不应该"

这段时间，王斌明显感觉到托马斯对自己的期待越来越高，但却"又想让马儿跑得快，又不给马儿多吃草"。项目时间紧、任务重，但是托马斯不但没给自己增加人手，还要分走一部分人手。所以王斌一改往日的被动，主动找到了托马斯去沟通，希望上级能多考虑他的艰难，给予更多的支持。托马斯很高兴王斌能主动去找他交流，不过当谈到项目进展情况时，王斌告诉他，因为要鼓舞团队的士气多花了些时间，ERP接口的问题到现在还没有解决。托马斯便要求王斌加快速度，要多找找激励团队的方法，同时也侧面反馈了个别团队成员对王斌的意见——团队成员觉得王斌对他们有些过于苛刻。

托马斯的这番话，让王斌感觉自己有些委屈，也有些愤怒，他觉得托马斯不应该这么武断，并且向着员工说话。他希望托马斯能看见自己的不易，也希望托马斯能客观地看待员工的反馈。他快速捕捉到了自己的情绪，并且暗暗告诉自己：

先不要着急下定论，还是要多了解些情况。他试图向托马斯了解更多的情况，但是托马斯只是强调了公司文化中需要关爱员工、讲究平等，希望王斌能重视这些意见，找到合适的方式去和员工沟通，当然也要抓紧项目进度。王斌对托马斯有些失望，他觉得托马斯没有给他想要的支持，甚至还给了他一些打击。

环境的制约

　　离开托马斯的办公室，王斌一个人来到了办公室外的一片小草地——这是他发现的一个特别安静的地方，可以让他静静地思考问题，并且呼吸些新鲜的空气。王斌站在那里，做了几分钟深呼吸，这是他一直在练习的静心方法。以前，王斌喜欢一边抽烟一边想问题，但是为了身体健康，他戒烟了。深呼吸的方法可以同样让他能快速集中精神，他感觉到自己被夹在了项目进度和不给力的团队之间，并且产生了一种无力感。他都有些羡慕自己在互联网企业里工作的那些老同学了，羡慕他们能不用面对这么多"老油条"。当这个念头闪过时，他自己也不禁笑了，"90后"的年轻人要是在王斌这样的家族公司工作，估计都要闷死了。不得不承认，公司的企业文化是很人性化的，但是相比互联网企业和员工的"狼性"，他们可以说是"佛系"了。"佛系"的环境也容易滋生出享受安逸的工作态度，而现在公司从总部开始上上下下都在要求变革，要求敏捷。可是公司的文化环境，又没有全力支持这样的变革。

在这样的环境下，王斌该如何做呢？

案例分析

在领导原力觉醒的最后阶段，领导者终于走上了心智模式转变和升级的康庄大道。然而，心智模式的转变和升级过程中，又会出现一些极端化的行为，就像王斌的"必须思维"的升级。这是一种矫枉过正，也是一种很普遍的情况。因为在渴望成长与改变的路上，我们特别急于让改变发生。特别是现在的环境也对领导者提出了更高的要求，期待大家的快速变化。但是**心智模式的改变不是一蹴而就的**，这需要过程，而且每个人需要的时间都不尽相同。所以找到自己成长的节奏很重要。同时，很多领导者也因为自己感觉在成长，就不免对外在环境、他人有了更高的要求，陷入另一种"必须"思维里。所以在领导原力觉醒的终极挑战里，我们要面对和挑战最后的拦路虎。

第二节　三只拦路虎：原力觉醒的终极挑战

> 一个人的伟大并不体现在目标，而是体现在转变中。
>
> ——拉尔夫·沃尔多·爱默生

　　领导原力的觉醒之旅是领导者的内在成长之路。这样的内在成长是不断探索自己无效的心智模式和情绪模式，并且不断转变、升级这些模式，让其变得有效的过程。当领导者走到了AWAKE觉醒之旅的最后一步时，领导原力这股内在潜能已经从最初的萌发状态逐渐进入汹涌勃发的状态，因此领导者对于自己能保持良好状态的期许也在不断增加，觉得在原力的助力下，自己应该能迅速地脱胎换骨，成为一个既有良好内在状态，又能展现有效领导行为的崭新自己，进而领导团队去应对各类环境变化带来的挑战。然而要获得稳定的原力状态需要过程，还有一些常见的破坏因素等待我们去发现和突破。根据教练实践的总结，我们发现在通往稳定状态的路上有"三只拦路虎"在跃跃欲试地等待着要挑战领导者。

　　这"三只拦路虎"在我们渴望成功，并且迈向成功时经常跳出来妨碍我们，是让我们陷入焦虑情绪的常见因素，是我们内心深处的一些限制性信念。它们之所以威力强大，是因为这些限制性信念埋藏得很深，而且被大家普遍内化了，我们对于这些习以为常的限制性信念的感知和发现就不那么容易了。

　　这三只拦路虎分别是：**"我必须""他人必须"**和**"环境必须"**。著名的理性心理学家阿尔伯特·埃利斯在他的理性情绪疗法中将它们称为"必须"强迫症。我们在AWAKE觉醒之旅的第二步"感知情绪，接纳脆弱"中已经稍稍体验过它们在影响我们情绪感受方面的威力了。在走向成功的最后一步，它们还会不时地跳出来继续显示其威力，这个威力不仅影响我们自己的持续提升，同时还影响我们与他人、与环境的互动关系。

拦路虎一："我必须"

　　这个"必须"在生活和工作的各个阶段影响着我们的认知和情绪，尤其是领导者，会产生很多"必须"的假设，例如"作为领导者，我必须比下属能力强""我必须在毕业五年内做到中层管理者的位置""我必须在每个关键项目中都表现优异""我已经掌握了这么多的方法，我必须可以带领好团队走出困境"等，受其影响，我们个人的内在会充满压力，过度担心失败的后果，从而产生不安和焦虑感。

拦路虎二："他人必须"

这个"必须"是我们内在的"必须"在他人身上的投射，对领导者来说，常见的有"下属必须听我的指令，绝对服从，不能有异议""我的领导必须看到我的价值，否则就是对我的极大不公平""我对我的团队这么好，他们必须懂得知恩图报"等。当他人不能按照你所想的方式对待你，或者不听从你的指令时，这只拦路虎会导致我们产生愤怒、争斗、仇恨等强烈的负向情绪。案例中的王斌对待团队成员和上司也有很多"必须"的想法，例如"上级应该尽力支持我、认可我""员工必须马上行动起来，就像我一样欢迎变革"。

拦路虎三："环境必须"

这个"必须"是我们内在的"必须"投射到外在环境上的结果，例如"要想变革，公司必须有适应变革的新企业文化""现在市场环境太差了，我没办法带领团队突破""不管公司情况如何，我的部门承担了最重要的开源事业，公司必须提供给我们最多的资源"等。这只拦路虎会降低我们对环境的适应力和对挫折的忍耐度以及自我情绪的快速复原力。

这三只拦路虎还会互相影响，令人产生更多的负向情绪反应。我在实践中看到，被辅导的领导者走到这一步的时候，他们往往觉得自己可以做到一些自己想要的改变了，不再需要教练的协助了。然而，一段时间过去后，他们会继续回来找我。主要原因是，这个"我已经努力了这么久，我必须尽快改变"的拦路虎令他们看不到期望的成果，以致焦虑感爆棚，自我效能感[1]跌落谷底；也有的领导者面对"我已经改变了，为什么下属还不改变"的情况，也让他们特别抓狂；还有的领导者被"我如此努力地改变了，为何我周围的环境还是没有变化，为何我应对环境的影响力还是不够"的想法所困扰，让他们产生了深深的无力感。

在这三只拦路虎的共同影响下，我们内心急切渴望成功的内在驱动反而变成了阻力，让领导者在这个阶段无法让自己的原力发挥作用。还记得第四章里"歪曲事实的凹凸镜"吗？这三只拦路虎就是"必须化"思维方式的核心因素。我们在领导原力觉醒的这个阶段，不光要看到这个凹凸镜对自己的影响，还要看到对和他人的互动关系的影响。这种无论是对自己还是对他人的非现实的要求，既让领导者疲惫不堪，也会让团队信心备受打击，同时我们在应对环境带来的各种挫折时的复原力也会因此下降。

更要命的是，经过觉醒之旅，我们已经对"心智模式""信念"这些概念有了认知和理解，也开始学习用各种转念的

---

1 自我效能感：指个体对自己是否有能力完成某一行为所进行的推测与判断。

方法来帮助自己。但同时，我们也会对自己提出更高的要求，希望自己能快速地转变，甚至在"必须化"影响下，每当看到自己身上又出现过去经常依赖的无效心智模式或者信念时，会产生过度的自我评判，比如会觉得自己已经学习了这么多的工具和方法，但是还会时不时地回到老路上，很懊恼、自责，并由此产生对于自身成长的焦虑。这些"噪声"的出现是很正常的，我们无须对自己太过苛责。因为心智模式的改变不是一蹴而就的，也不是因为有了原力的加持，我们就会变成一个完美的人。

　　领导原力觉醒的旅程最终是要帮助领导者更好地理解和接纳自己，不断打造客观的自我认知，提升自我成熟度，呈现出既不敝帚自珍，也不妄自菲薄的真实状态。这是一种以自尊和接纳为基础的稳定内在状态。同时因为这个自我成熟度，我们可以在与他人和环境的互动中既不唯我独尊，也不趋炎附势，而是产生以同理、包容和弹性作为基础的良性互动。所以，对自己心智模式的反思、发现、接纳、转变，不断突破旧有无效的模式和限制性的信念，是原力领导者的一个非常重要的标志和收获。

打败拦路虎

　　我们看到了拦路虎的存在，就可以综合利用在前几章里学到的工具，打败这些拦路虎。我们可以结合第四章里接纳情绪的方法先来处理我们的负向情绪，然后再用突破限制性信念的方法来打败拦路虎，具体步骤如下。

第一步：停止"必须"的连锁反应

每当我们的脑袋里出现"我这么努力地付出，老板应该奖励我""下属必须尊重我的权威，听我的"等一系列绝对化的想法时，必须马上叫停。因为在这些绝对化想法后面，有时还会带有对自己或者他人的负面评价，例如："我这么努力地付出，带团队拼了命拿下这么多订单，老板必须奖励我。他一直都对我的付出视若罔闻，难道是因为我看上去好欺负吗？他这样鞭打快牛，还不给草吃，我要给他点颜色看看。"而我们的及时叫停，就像切断了电灯的电源，可以截断这些绝对化想法引发的连锁反应。

第二步：感知并接纳自己的情绪

我们感受一下在叫停之前，自己出现了什么样的情绪。例如当"我这么努力地付出，老板必须奖励我"的声音出来时，也许你心里有委屈、不忿等情绪；当想到"下属必须尊重我的权威，听我的"的时候，也许你心里有恼怒、气愤等情绪。每个人的情绪体验都不同，所以要能感知并且接纳自己的情绪。这会为拨开情绪，看情绪背后的需求提供很好的基础。

第三步：发现情绪背后的需求与期望

　　每个情绪背后都有没有被满足的需求，我们在第四章中特别谈到这一点，所以我们要在感知并接纳自己情绪的基础上，从情绪里去挖掘背后的需求。例如，"我这么努力地付出，老板应该奖励我"的委屈情绪中，你的需求也许是领导的一个公开表扬、一份丰厚的奖金，或者只是领导拍着你的肩膀说一句"干得不错，加油"。所以，静下心来问问自己，每一份负向情绪背后的需求或者期望是什么。

第四步：突破限制性信念

　　现在可以来改写那些限制性信念了。我们只要把"必须"换成"期望"，比如"我这么努力地付出，老板应该奖励我"，可以转换成："我期望我的老板能看到我为工作付出的努力，并能以口头或者实物的方式来及时奖励我。如果他没能这样做，我会和他坦诚而平静地交流，提出我的期望而不是让委屈的情绪困扰自己。如果他对于我自认的努力付出有不同的看法，我可以耐心倾听并努力理解彼此间的差异。如果差异巨大，我也不因此责怪他或者自己。"

　　这四步看起来是否挺熟悉呢？其实在我们AWAKE觉醒之旅的前面几个阶段都出现过类似的工具和方法，只是我们需要不断地把这些工具整合起来，加以实践和应用。

　　领导原力觉醒的过程，需要领导者不断学习，改善底层的心智模式，通过有目标和有计划的练习，特别是获得反馈之后再练习，最终让升级后的心智模式替代原有的心智模式，成为主导，从而进入领导者的**"新常态"**。在这个"新常态"里，新的心智模式不但已成为主导，而且我们还可以根据环境的变化和互动对象的反应，不断更新、优化它，从而不断获得自身成长和良好互动关系的积极回报。

第三节　全情投入，浸入领导原力觉醒的"新常态"

　　要想进入"新常态"，我们需要刻意的练习，最好能让自己在练习过程中获得"心流"体验，因为"心流"体验可以帮助我们的大脑更好地加深对新常态的正向反馈，让练习的效果大大增强。

全情投入，沉浸心流

　　"心流"（Flow）这个概念是积极心理学家米哈里·契克森米哈赖教授（Mihaly Csikszentmihalyi）创建的。他发现当人们沉浸"心流"状态时，精神集中、全神贯注，甚至会出现一种时间和空间都消失的感觉。在"心流"状态下，我们

图7-1　领导原力觉醒AWAKE模型

会产生大量的快乐荷尔蒙——多巴胺。我在写这本书的时候就经常进入这样的状态，往往写着写着，猛一抬头，顿时发现外面的天不知道什么时候就黑了，且每写完一章，就有一种满溢在内心的欢欣喜悦感。这种"心流"体验的本身对我而言就是一种积极回报，这种回报和你喜欢我写的内容所带给我的喜悦是一样的。

想要沉浸"心流"，就要活在当下，全情而专注。当我们在目标的指引下全情投入时，我们的关注点要放在如何达成任务上而不是我们如何表现上；摒弃各种杂念，把注意力集中在我们的行为上，去体验专注带来的喜悦感和成就感。就像我们在健身房锻炼身上的肌肉一样，当你把关注点放在需要锻炼的那块肌肉的感觉上，一次次体验这块肌肉被拉伸、被挤压、发挥力量的时候，你就不会在意你的发型是否完好、你的表情管理是否到位、你是否在微笑。同时在这样的全情投入下，我们能感觉自己在不断地进步、成长，这种充满喜悦的积极情绪能产生更多的多巴胺。在多巴胺的影响下，我们会更积极地投入到任务中，也能够让心流体验更好地留在我们的潜意识里。

　　所以在成长的路途上，如果我们把执着于"结果一定要怎样"转变为聚焦于"对此时此刻的过程"，你就可以看到很多正在发生的事情，并允许产生更多的可能性，你也就不会过度紧张和焦虑。就像我沉浸在书写的当下，我不会担忧这本书是否畅销，是否会为我带来丰厚回报，而是集中在我如何能用更通俗易懂的语言来阐明我的理念、我如何能更好地把我过往教练实践中的这些实用工具传递给读者。这种专注于当下的感觉，是"心流"体验的基础。

　　很多领导者对"心流"这个概念会感到非常陌生，不知道自己在工作中是否有过"心流"体验，包括对于"当下感"的认知也很缺乏。我们可以通过下面一个非常简单的练习，去体验"当下感"。

　　这个练习和一些正念冥想练习有相似之处，而我把它叫作**"专注的静坐"**。我经常带着我的客户做这个练习，通过这个练习，他们能更好地保持专注，增强对身体的感觉，还能让头脑保持高效的运作。脑神经科学研究表明，通过经常练习"专注的静坐"，我们可以锻炼大脑的前额叶部分，让它变得更发达和处于最佳工作状态，我们就能表现得容易专注、聚焦，更有注意力，所以"专注的静坐"可以让我们刻意练习的行为有效开展。

【练习1】专注的静坐

你可以在任何时候做这样的练习，哪怕在两个会议之间短短一分钟的休息时间内，你也可以尝试这个练习。

1.在椅子上坐下，尽量只坐到椅子的2/3处，背部挺直，不要靠在椅背上。

2.双脚平放在地面上，双手平放于大腿上，轻轻地闭上眼睛。

3.先做几个自然的呼吸，然后开始放慢呼吸的节奏。

4.一边吸气，一边心里从1默念到6；然后吐气，同样在心里从1默念到6。循环往复即可。

5.无论脑袋里出现了什么样的想法，都没有关系，保持呼吸的节奏。随着缓慢呼吸的练习，你会发现自己能慢慢地平静下来。

提示：这个练习的核心在于当你的脑袋里有各种想法出现时，不要着急、焦虑，将注意力放在缓慢呼吸这件事情上就可以了。只要你能坚持做这个练习，一定时间后你就会发现它带给你的好处了。这是对我们大脑专注力的便捷而有效的训练。

除了上面的"专注的静坐"练习，结合我在脑神经领导力研究中心（Neuro Leadership Institute）和其他正念[1]课程的学习经历，我还总结了以下三个有助专注于当下的简单方法。

方法一：关注事实，描述过程

当遇到令你感觉不安、不舒服，让你无法专注于当下的情况发生时，尽量用中性词汇来描述正在发生的客观情况。

例如，当开部门例会时，大家进入了激烈的争论中，这个情况让你很不安。通常情况下你可能会做和事佬，让大家暂时平息下来；或者加入到某方阵营参与到激烈的争论中。其实你也可以让自己跳出这个情境的旋涡，站在一个更中立的角度，去描述这个过程是如何发生的。通过对过程的描述，我们可以更客观地看到事实，这样有助于我们做出更有效和明智的决策和行为。

---

1 正念是指有目的、有意识地觉察、关注当下的一切，且这种觉察、关注不带任何判断、分析与反应。其最初源于禅修，从坐禅、冥想等发展而来，1979年马萨诸塞大学荣誉教授卡巴金（Jon Kabat-Zinn）将其定义为一种心理治疗方法。

方法二：从问题着手，搁置评价

当一些可能令我们感觉不安的情况出现的时候，我们不要着急对它进行评价和判断，而是要分析一下背后的问题是什么。

例如，不要把一次合作中对方的情绪表现，看作是对双方关系的阻碍，而是要从具体的问题着手，去挖掘情绪背后那些没有被满足的或者被提出的需求是什么，这样我们就能更容易找到哪些是我们可以改变的部分，并依此做出更好的决策。

方法三：安于当下，不忧未来

焦虑的本质是一种对未来的担心。在成长的路上，如果我们一直担忧自己是否能如愿地实现目标，那就会被焦虑包围而裹足不前。但是如果我们时刻都清楚当下能做的一小步是什么，就可以减少对结果的焦虑。积累做好每一小步所带来的积极能量，就可以缓解我们对未来的担心。

通过以上三个方法可以帮助我们更好地进入到当下的"心流"体验中，而借助"心流"体验的练习，领导者对情绪、内心活动的感知也会更敏锐和丰富。很多领导者在这个阶段还会有些担心自己是否变得多愁善感，不够理性了。其实大可不必有这种担心，相反，当我们能感觉到自己内在丰富的情绪和内心活动的体验时，这反而是一种走向自我成熟的表现。

自我成熟表现在两个方面。一方面是我们能理解、接纳和管理自己的各种情绪与想法，能调节好我们潜意识里的各种驱动力。表现在我们能勇敢面对自己的各种情绪，特别是负面的情绪，并找到合适的方式来表达它们，而不是将它们压抑到我们的潜意识里面，形成对我们的干扰。另一方面是我们还能感知他人的情绪，能深刻同理他人情绪，并且展现出同理心。

我曾经遇到过一个高管，在公司里他一直以一种温和平静、受人爱戴的形象出现，从不表现出愤怒等激烈情绪。但是他的团队成员却一直对他的温和作风甚为不满，认为他过于软弱而不会保护自己部门的利益，特别是在与其他部门的会议上，出现争论时他总是表现出息事宁人的态度，一味迁就他人观点。这令他的团队成员非常恼火。

在和他的教练会谈中，他也表现出对自己的领导风格造成团队问题的苦恼与不解。在他看来，做个善良、受人爱戴的人很重要，太过激烈的情绪让他很不舒服。有时在其他部门有明显的侵犯自己部门利益的情况下，他也有愤怒情绪，但是他的"人设"包袱让他无法恰如其分地表达自己的观点，久而久之就造成了团队成员的不满。在几次的教练会谈后，我们发现了这个行为的背后是他长期秉承的"我必须善良"和"受人爱戴"的内在假设，让他形成了一个限制性的信念——说出自己的观点，据理力争就会打破我的"善良"人设，大家会不喜欢我。和他一起经历了AWAKE觉醒之旅后，他改变了这个信念，从原来的"据理力争，说出自己的想法会让人觉得我不够善良"变成了"坦承自己的观点，勇敢说出自己的需求，也是善良的一种表现"。当然他还自学了"非暴力沟通"等技巧，学会了如何能坦率地表达自己的反对意见。

当然，在转变这个信念并且形成持续的行为习惯的过程中，他还是经历了很多挑战的。比如刚开始他在练习坦率表达的时候，经常在使用过度和展现不足之间徘徊——有时他的表达过于直接，让大家有点摸不着头脑，怀疑他是不是"吃错药"了，像是换了一个人；他自己也感觉到了，于是就退回来，这一退，大家觉得他还是像原来一样。出现这种现象是正常的，我们转变信念是一个持续不断地学习和练习的过程，从"知道我不知道"的状态中开始学习，进入"知道我知道"的状态，并开始使用、练习学到的东西。刚开始的使用、练习一定掌握不好力度，但关键是要通过这种练习，不断反思和总结，不断找到那种"对"的感觉，让这种"对"的感觉形成心流。当这种"对"的心流体验得越多，他和自己的领导原力这股能量的联结和协同就做得越好。领导原力这股能量也随着他的"心流"体验变得越来越稳定和从容。当不断地练习并形成新的习惯后，就到了"不知道自己知道"的状态，他就可以非常自如地表达自己的反对意见，并且能调控好自己的情绪。这就是领导原力真正的觉醒并且和领导者融为一体的标志。

稳固成果，持续突破

走到原力觉醒并与领导者融为一体这一步后，领导者是否可以停下来、庆祝成功了呢？抱歉，还不行。我们需要让这股领导者内在的潜能成为一股持续的力量，以便帮助领导者不断地突破自己的舒适区，进入学习区，这样才能形成我们所谓的"新常态"。这个**"新常态"不是一次突破，而是持续不断地突破**，只有这样才能对抗我们思维上的熵增效应。思维上的熵增指的是我们固守一些固定的模式，并且在舒适区里陷入思想的停滞，从而导致成长的停滞。在物理学理论里，要避免熵增就要建立一个和外部不断进行能量和物质交换的开放系统；在思维层面，领导者可以通过不断地突破自己的舒适区，来对抗思维的熵增。

舒适区这个概念我们已经在 AWAKE 觉醒模型的第四步里有认识了，是指我们感到熟悉、驾轻就熟时的心理状态，我们已经掌握的知识和技能足以应付一切，因此自己是处在舒适的状态，心理上有安全感。突破舒适区后去到哪里呢？那就是学习区。

在学习区里，我们要面对的是有一定挑战的新知识和新技能，在这里我们可以充分地锻炼自我、挑战自我。要想有效对抗熵增，就要时常关注自己是否陷入了"舒适区"中悠然自得地过日子。你需要不断挑战自己，把自己放到学习区，学习新的知识与技能，提升自己。当学习区变成了新的舒适区后，那么下一轮的突破就又开始了。回首我这十多年的领导力发展和企业教练的专业路程，就是不断突破自己舒适区的过程。每一年都有明确的新的学习目标，每一年都有技能提升和我的领导原力的再挖掘。在这个过程中，有四个非常有效的方法可以帮助我们快速提升，它们分别是：**获得前馈、刻意练习、寻求反馈和自我反思**。

获得前馈

前馈是著名的CEO教练马歇尔·戈德史密斯（Marshall Goldsmith）经常使用的工具。我们可以把前馈看成是类似建议的方式，反馈是在事情发生后才做的，前馈则是在事情还没有发生前的建议，是针对你未来行动的建议。那么，如何获得前馈呢？

首先你要确定一个想提升或者改变的行为习惯，例如你想成为一个富有同理心的领导者。然后，你可以将这个目标化为问题，去询问别人的建议。这个人不一定必须是个领导力专家，也可以是你的伴侣、朋友，或者是同事。请对方给你两条如何成为富有同理心的领导者的建议。在听取建议的时候，请千万不要做出任何的判断，也一定不要反驳、辩论或者批评。你要做的是记录，然后回去后反思：这些建议是否能给你带来不一样的视角和收获。当然，对方给建议的时候，你可以请求尽量具体些，最好具体到可以有哪些行为，因为只有具体的行为才能让我们有切实可行的参照。

刻意练习

　　有意识地去练习你想要发生的改变。就像我们在健身房健身，教练针对每一块肌肉都有特定的练习方式帮助你锻炼，我们大脑的锻炼也是一样。脑神经科学研究表明，大脑里的神经元有巨大的可塑性，神经元之间的连接会产生记忆。如果你想让新的行为、心智模式成为习惯，就需要不断地刻意练习，让新的神经元之间形成连接，一定时间之后，新的神经元取代了旧的，新行为或者心智模式就形成固定记忆。我们在每个章节后的21天改变计划，就是运用这一原理。如果你真的有坚持去做，那么你一定会有很大的收获。

寻求反馈

　　在第二章里，我们已经知道他人的反馈可以让我们发现自己的盲区。在成长型心智的支持下，我们已经可以突破"本能防御层"的干扰，向他人寻求反馈。在我们想不断突破舒适区的过程中，获得反馈不仅能帮助我们发现盲区，还能获得如何提升的积极建议。在这里我想提醒各位，反馈的具体程度对我们的提升是有很大影响的。

　　最佳的反馈有两个标准：第一是具体，第二是具有建设

性。具体指的是给出针对具体行为的反馈，而不是笼统的评价。例如，有个领导者想提升自己倾听他人的能力，他在练习的时候就会邀请谈话对象给予自己反馈。通常对方总是客气地说，我觉得你的倾听能力挺好的。这样的反馈让他非常茫然，对他也没有帮助。后来我让他询问反馈者几个问题去寻求具体的反馈："刚才我们沟通中，你觉得我的哪些行为让你感觉很好，觉得我在倾听你呢？""如果再来一次，我还能做点什么，让你能感受到我在很好地倾听你呢？"第二个问题其实是和建设性有关的问题。建设性指的是推动事物往好的方向发展。所以第二个问题的重点就放在了如何可以提升的具体建议上。通过这两个问题，我们可以获得更多具体的反馈信息，这样我们在反思如何利用这些意见和建议的时候就有了抓手，可以精准地采取行动。

自我反思

曾子说，"吾日三省吾身"。在刻意练习并且获得反馈后，自我反思复盘可以帮助我们更好地发现自己的盲区和限制性信念，同时也是对他人反馈的一个消化吸收的过程，这是快速成长的一种重要方式。我个人常用的自我反思的五个问题是：

1. 当别人给我建设性反馈时，我下意识的本能反应是什么，这个本能反应是受什么影响的？

2. 我可以如何更有效地回应别人？

3.反馈中的意见提醒了我需要关注哪些行为背后的限制性信念？

4.我可以如何转换这个限制性信念？

5.我要如何持续这个改变，直至彻底形成新的心智模式？

这五个问题层层分解，也是一种最简单的自我教练的流程。

【练习2】突破练习

1.我想提升的一个领导行为（例如：提升对他人的同理心）。

2.别人在前馈中给予的意见，哪些是特别值得我采纳的？

3.我选择哪三个行为进行刻意练习？练习计划（如果，就）是什么？

行为	练习计划（如果，就）参照第三章的具体要求

4.你会从哪三个人那里寻求反馈？他们的反馈是什么呢？

姓名	反馈

5.对于反馈的反思、复盘。

反思问题	回答
1.当别人给我建设性反馈时，我下意识的本能反应是什么，这个本能反应是受什么影响呢？	
2.我可以如何更有效地回应？	
3.反馈中的意见提醒了我需要关注哪些限制性信念呢？	
4.我可以如何转换这个限制性信念？	
5.我要如何持续这个改变，直至形成新的心智模式？	

原力觉醒后的领导者

当领导原力越来越稳定，领导者一方面能面对自己展现成熟，即能发现、接纳并且管理好我们的本能防御行为，不害怕、不逃避更不压抑在防御本能下所产生的情绪反应，建立起了客观的自我评价，并且有很多的方法去关照自己的情绪，调节好自己的情绪状态。另一方面领导者也可以展现出面对他人和环境的成熟，这个成熟意味着，我们能清楚地看到我们对他人和外在环境的反应是我们内心投射的结果，从而可以从期待他人改变的幻想中脱离出来，清楚地知道只有自己与他人、环境的互动行为先发生改变，才能获得自己想要的结果。这种对他人、环境的成熟让领导者能建立成功的人际互动关系，并且在管理自身和他人的需要和愿望之间建立起动态平衡。就像王斌，他有积极拥抱变革的态度，也想发生积极的改变。这种积极的内在动力，让他容易产生对于其他人的"必须"要求，就像他对团队产生的"你们必须和我一样拥抱变革、顺应变革"。但是，他也需要知道，每个人在面对变化时的响应速度是不同的，他需要有更多同理心去接纳和理解别人。而且团队中的有些人可能正处于对自我旧习惯、旧模式的抵抗期，需要他赋予这些人更多的信心、支持和协助。同样，对于上司，王斌抱有"应该获得支持"的高需求。这样他可能就没机会发现上司更希望他能调整自己的领导行为，维持和谐、友爱的团队氛围。最后对于公司的文化环境，他内在也有"文化应该适应变革"的需求，于是就产生了无力的感觉，在这样的想法下，他可能会忽略和谐友爱的文化对于变革的价值。所以王斌还需要不断反思自己

的心智模式，发现那些限制他更加具有创造力的信念，通过
不断转化这些信念和心智模式，实现他在与他人和环境互动
中的动态平衡。

领导者这种自我成熟而形成的稳定的内在状态，可以提
升领导行为的有效性并且影响到各种利益相关者。领导者的
工作核心就是和各种利益相关者维系良性的互动关系，互动
关系的好坏影响着合作意愿，进而对结果产生重大的影响。
领导者日常工作中最重要的两个直接利益相关者，一个是下
属，一个是上司。与下属和上司的两种互动中，对领导者本
身的要求也不同——对于下属，我们普遍的问题是如何激发
下属的主动性；对于上司，则是如何从上司处获得更多的支
持。在领导原力的加持下，我们可以有能力看到互动关系中
的另一视角：需求和愿望——对于下属，我们能看到他们的
内在需求是获得激发、指引、辅导，还有获得肯定的愿望；
对于上司，我们能更好地理解他们对我们有共同当责、自主
思考、实干创新的需求和获得理解的愿望。

这些丰富的视角能让领导者在互动关系中更好地了解彼
此，展现同理心和进行深层联结。同时通过这些丰富的视角，
领导者也能看到自己在这些互动关系中最佳的行为是什么，
支持这些行为的心智模式又需要如何调整。就像王斌，他不
再非常容易地被下属的表现激怒，当下属的表现没有达到预
期时，他也不会轻易地下结论，快速地给下属贴标签，而是

会耐心地了解情况，帮助下属分析原因，展现出自己的同理心。同时他对于上司给予的任务压力，也能站在对方的角度看到上司的视角和关注点，而不是一味抱怨上司"又要马儿跑得快，又要马儿不吃草"。这些领导行为都不需要领导者"勉强"自己去做到，而是在领导原力的加持下，因为底层心智模式的改变而自然产生。

本章小结

　　领导原力稳定状态的最大受益者是领导者本身。领导者在原力的加持下获得了内在状态的动态稳定，即领导者能敏锐感知自己的情绪反应，发现和调整心智模式；在互动关系中发现更多视角，从而采取恰当的回应行为，建立良性互动模式。当领导原力为领导者内在状态和行为源源不断赋能的良性循环生成后，就像大树的根基越扎越稳，树干越发健康粗壮，枝叶也更加繁茂，无论环境中的狂风暴雨如何侵袭，这棵大树都能屹立不倒，突破生长。

你的稳固计划

请你认真思考一下，你想如何稳固你的领导原力，并且利用下面的表格来帮助你真正达成。

计划人：

Wish，愿望或目标	
Outcome，结果	
Obstacle，障碍	
Plan，计划（如果，就）	

21天计划表格

选择你"如果，就"计划中的一个重要的行动，开始21天的刻意练习吧。

行动	第①天	第②天	第③天	第④天	第⑤天	第⑥天	第⑦天

行动	第①天	第②天	第③天	第④天	第⑤天	第⑥天	第⑦天

行动	第①天	第②天	第③天	第④天	第⑤天	第⑥天	第⑦天

第八章

——

从领导原力到团队原力

　　原力领导者们，我们终于在这里相遇了。恭喜大家顺利
地走完了一段自我成长的旅程。相信各位在这一段旅程过后，
对自己有了更多的了解、接纳与欣赏，并且对未来的路途充
满了信心。

　　各位原力领导者，我期待大家能在升级后的心智模式的
伴随下，让自己呈现出一种稳定而高能的内在状态，并且灵
活自如地对快速变化的环境做出恰当的回应，特别是在与不
同人的互动关系中，展现出各位的领导原力，用领导原力带
来的积极能量去影响周围更多的人，找到他们各自的领导原
力。无论他们是否在领导岗位上，哪怕只是在领导自我的过
程里，我都希望领导原力能与他们在一起，给他们赋能。我

期待看到领导原力觉醒的涟漪，能在不同的组织里激发出更多团队的原力。

要做到这些，各位原力领导者，你们肩负着重要的责任，希望你们就是这个涟漪的源头，并让这个涟漪越扩越大。最终让这片涟漪形成一种风潮，一种人人都希望能获得心智成长，人人都努力觉醒领导原力的风潮。当有越来越多的伙伴加入到领导原力觉醒的旅途中，互相支持与鼓励时，整个组织的原力也会因为每个个体的原力被激发而蓬勃发展。

【本章阅读指南】

1. 原力领导者会展现出的四个行为方面的特质是什么？

2. 如何通过领导原力影响团队、影响组织，铸就人人都能觉醒原力的成长营？

第一节　复盘领导原力觉醒AWAKE之旅

AWAKE领导原力觉醒之旅是个挑战自我的过程，也是认知自我、接纳自我和升级自我的旅程，走过这段旅程，需要很多的勇气和坚持。当然这段旅程带来的回报也是非常丰厚的。领导者借由这段自我内在成长的旅程，打造了稳定的内在状态，获得了更好的自我效能感，且心流常现，获得持续进步；在面对更复杂多变的RUPT环境时，也有了充足的动能支持；思维和行为的敏捷性、情绪的复原力都大大提升。这一切都源于我们通过内在心智模式的转变，带动了情绪的翻转，让我们与身俱来的领导原力被一步步唤醒，并在我们的内心流动起来。这个旅程的每一步都是一个自我转变的突破。

　　就让我们再来回顾一下，每一步我们到底经历了什么样的心智模式和情绪能量的转变吧。

图8-1　领导原力觉醒AWAKE模型

第一步：放下防御，直面盲区（Aware）

领导者想要成长，首先需要面对我们认知中的"盲区"——那些别人看得很清楚，而我们自己并不清晰的行为模式。领导者可以通过觉察自身本能防御的行为模式，更开放地寻求他人的反馈，来获得更多成长的契机。一旦我们看到了"盲区"背后的心智模式，我们就可以通过心智模式从"固定型"到"成长型"的转化来调整自己的内在状态。转化经历以下三个步骤：

第一：观察

这一步的核心在于，领导者要观察与区分自己日常领导行为中有哪些情境会触发自己的本能防御反应，这个本能防御反应的行为是什么，以及这些行为想保护什么，这些行为又给自己带来了什么样的影响。

第二：探寻

这一步的核心是发现本能防御行为背后的固定型心智模式，以及限制性的信念。

第三：转念

这一步是转化的关键。我们需要看清这些限制性信念是

如何限制我们思维的开阔和影响我们的情绪的，并通过松绑
这些限制性信念来转向"成长型"心智模式。

经过以上三步，领导者在与他人互动的过程中，从改变
自己的行为开始，让他人的感受和体验都发生改变，来获得
更多中肯、客观的反馈，帮助我们更好地看到"盲区"，走出
迈向个人心智升级成长的第一步。

第二步：感知情绪，接纳脆弱（Withstand）

我们突破了对"盲区"的本能防御反应，就可以来到内
心更深一层——敏感脆弱层。这层是我们的"隐藏区"，隐藏
着那些我们不希望也不接受的自己所展现出的情绪和行为。
领导者需要培养对于自我情绪的敏锐感知力，并且能很好地
调控情绪。要提升对自我情绪的感知和调控能力，可以从四
个步骤来实现。

第一：构建自己的情绪字典

构建个人的情绪字典，是帮助我们感知敏感情绪的第一
步。学会尽量用丰富的词汇去描述情绪感受，让我们拥有更
细致的"情绪颗粒度"。

第二：发现情绪背后的需求

除了对于触发负向情绪的原因的探索之外，你会发现，负向情绪背后是一些没有被满足的内在需求，像被认可、被尊重、自由、公平……看到这些需求，对于负向情绪的认知也会发生变化，更容易接纳这些情绪，而接纳所有的情绪会让你恢复更理性的状态。

第三：梳理情绪发生的情境

我们知道了自己的情绪感受之后，就需要进一步回顾这些情绪通常是在什么样的情境下产生的。这样当同样的情境再次发生时，我们就可以有技巧、更从容地应对了。所以我们可以站在旁观者的角度，像在看电影一样，看看到底发生了什么事情引发了"我"的情绪。

第四：替换角色，翻转情绪

我们知道了产生各种情绪的不同情境之后，就可以通过把情境中的自己替换成其他人，想象一下他们遇到同样的情境会如何回应。通过反思不同的回应方式，来找到更有效的情绪翻转方式。

作为领导者，对于情绪有良好的自我认知和自我调控，是绝对的加分项。经过了以上四步的探索之后，我们可以不再把情绪当成"洪水猛兽"，进而更有效地感知和调控自己的情绪反应。经过这样的转变，我们的情绪能量得以提升，同时我们的心智成熟度也会得到锻炼，并能够以更接纳的态度来面对"隐藏区"，以更开放的态度来缩小"隐藏区"的范围，让我们和真实自我层靠得更近。这个时候，领导原力开始萌动了。

第三步：建构意义，回归本真（Authenticity）

领导者跨过了本能防御层和敏感脆弱层，终于来到了我们自己心灵的地心——真实自我层，AWAKE觉醒旅程到了关键的一步。在这个节点上，领导者开始在自己的"潜能区"做探索，力图发现潜藏在真实自我层里的各种优势才干、内生驱动力，特别是作为领导者的意义感，从而能在各种压力环境下，保持情绪的稳定和快速复原，以及心智的不断升级。在这样一个不断探索、转变升级的动态过程中，领导者将持续提升，并最终成为一个不装、不作秀、言行一致、不断成长的"本真领导者"。

领导者可以通过探寻意义感、价值观和领导力发展目标，来一步步地和内在的潜能——领导原力相遇，唤醒这个巨大的能量，让自己在迈向自己的领导力目标时，动力充足，百折不挠。

建构意义感

每个人都希望能活出有意义、有价值的人生，希望能按照自己的价值观做事。意义感是需要建构的，是我们自己赋予的。我们可以从以下三个方面去建构意义感。

1.通过与他人建立联系来建构。你身边重要的家人、朋友以及一起合作的同事，当你与他们建立紧密的联结时，会因为对这些人的影响，让你获得意义感。

2.全情投入地去做事，意义感会在此过程中产生。当我们全身心地投入去做事的时候，我们与自己所做的事情产生了深刻的联结；当越做越有劲头的时候，意义感就会慢慢积累。

3.转换视角，发现意义。虽然我们无法改变现实，但是我们看待事情的角度是可以选择的。领导者的工作经常压力重重，我们该如何看待压力？如果我们认为压力是坏的，那我们很容易被压垮。但是如果我们换个视角，我们就会发现，当下的压力就是漫长职业生涯中的一朵小浪花，而这朵小浪花的意义，是帮助我们可以储备应对未来更大风浪的能力。

明确领导力发展目标

每一位领导者都是独一无二的、充满美好原力的个体。只要你愿意，你就可以成为你想成为的人，成为你想成为的领导者。我们可以通过观察自己所欣赏和崇拜的其他领导者，获取领导力发展的标杆，同时通过反思自己想带给他人什么样的影响，明确自己的领导力目标。

遵循价值观处事

原力领导者就是能在实践中践行自己的价值观的本真领导者。我们可以通过对价值观的探索、对领导原则的思考和践行价值观的练习这三个维度来更好地活出我们的价值观。

第四步：跨越舒适，迈向成长（Key Step）

领导者探索了真实自我层之后，内在的能量——领导原力已经开始苏醒，但并没有全部觉醒。领导者想要实现原力的全部觉醒就需要进入到成长的状态——从原力到行为，持续正向循环的状态。所以，接下来就要经历 AWAKE 觉醒旅程的第四步。在这一步中，领导者必须克服成长的阻碍，跨越自己的舒适区依赖。

走出舒适区并非易事，需要激发自己的勇气，敢于挑战自己的不适，还需要不断地觉察、反思、升级自己的心智模式。领导者只有完成从认知升级到情绪调节、从心智转变到行动实践的一系列反思与体验后，才有可能跨越"知道"和"做到"之间的鸿沟，走出舒适区域，实现真正的成长。

激发勇气，敢于试错

逐渐觉醒的原力让领导者变得更加勇敢和坚毅。当领导者可以与原力进行连接时，就拥有了追求真实自我的动力和面对挑战的勇气。只不过这些勇气的力量还不稳定，需要更多的实践反馈，让自己感受到自己已经变得更加勇敢和自信。验证勇气的力量，最直接有效的方式就是接纳错误，不怕失败。只有不断尝试不同于以往应对方式的行为，让新的经验不断在大脑中建立神经元与神经突触之间新的回路，才会让我们摆脱对舒适区的依赖，产生走出舒适区的勇气。

激发勇气的方法：试错反思法

通过记录与反思，我们可以很好地发现错误的另一面。这个方式不但能降低我们对犯错的焦虑，而且会让我们理解错误的积极价值，进而改变对错误的认知，坦然接受错误，获得成长。

积累信心的方法：小步拆分法

"小步拆分法"不只是一个关于如何获得最终成功的策略，更是一个让自己有所行动、有所坚持的成长策略。小步拆分法实际上就是把原有的成长步伐变小，小到这一小步能够轻易地成功。通过不断获得小的、新的成功经验，从而为下一步改变提供足够的勇气。小的成功，能够塑造一种希望感，降低我们对成长的恐惧。

转变心智，迈向成长

领导者走出舒适区的过程，就是心智模式不断升级与进化的过程。转变心智模式的过程并不轻松，它有时候会让人痛苦，但这也正是成长的契机痛定思痛后带来的成长和改变更为深入和持久。当然我们都不喜欢痛苦的体验，所以心智模式转变需要逐步发生，更需要在实践中得到正反馈，持续赋能。

比较强化，升级心智

心智的升级实际上是新经验替代旧经验、新假设替代旧假设的过程，而新的内在假设需要和原有假设进行对比才能开始逐渐转化。这个过程需要用真实行为进行检测，比方说在两个相近的场景当中，一个场景的行为用原有假设来支撑，另一个场景的行为则用新的假设来支撑，用现实的结果去验证两种假设的有效性。因此这一步就是一个比较并强化的过程。

成长是一个不断走出舒适区的过程。原力领导者能发掘那些过去有效，但未来已经无效的信念与假设，通过有意识地进行自我心智的觉察，让在潜意识中自动运行的心智模式显化出来并转化和升级，才能让自己真正的成长。

所以，在情绪上，领导者要变得锐意勇敢；在心智上，我们要借助与他人和环境的互动来加速自己的成长，让自己变得更加成熟，这就是领导者的自我成长之路。不断升级心智的领导者，内在状态会更加的稳定，领导原力开始迈向最终觉醒。

第五步：沉浸心流，持续突破（Enhance）

终于来到领导原力觉醒的最后一步，相信此时的各位已经和自己的原力相遇，并且在原力的加持下突破了舒适区，迈向成长。勇敢地迈出第一步，并不能保证我们能持续地突破。所以我们需要通过刻意练习，并且在练习过程中获得"心流"体验，进而进入成长的"新常态"中，才能在有压力的时候不会再次回到防御模式下，让心智模式的升级得以实现。

想要获得心流的体验，我们可以通过专注于当下的四个方法来练习。

方法一：专注的静坐

这个练习的具体动作就是在静坐的同时配合缓慢而悠长的呼吸。不要害怕脑子里会时时出现的念头，将注意力放在缓慢呼气这件事情上。这个练习不仅能让我们的大脑得到休息，还能提升大脑的运作效能。

方法二：关注事实，描述过程

想要专注于当下，要减少不必要的思考，将关注点放在事情过程的描述上，而非马上下结论和判断。当遇到令你感觉不安、不舒服，让你无法专注于当下的情况发生时，我们要学会跳出事情本身，站在一个更中立的角度，去描述这个过程是如何发生的，而不是基于我们过去的思维惯性，马上得出一个结论。这样描述事实和过程的方法，有助于我们做出更有效和明智的决策和行为。

方法三：从问题着手，搁置评价

自我保护机制会在我们面对一些令人感觉不安的情况时自动触发，我们要尽量减缓这个保护机制的自动触发频率。简单地讲就是不要神经过敏。我们不要着急对这些让我们不安的情况进行评价，而是要分析一下背后的问题是什么，这样我们才可以更好地应对。特别是当我们面对带有强烈情绪的冲突时，不要急于给有情绪的双方贴标签，而是要看看情绪背后那些没有被满足的需求是什么，彼此真正的诉求又是什么。

方法四：安于当下，不忧未来

我们之所以焦虑，其实是担心那个未知的未来。未来确实无法预测，但是我们可以设定清晰的目标，并且明确当下能做的一小步是什么，这样可以在一定程度上，减少对结果不可控的焦虑。而每一小步的成功也能带来更多的积极能量。

对于一个领导者而言，要获得心流这种积极的体验，需要有意识地进行学习实践。但单纯有心流体验是不足以支持领导者不断突破成长的。想要获得持续的突破和成长，我们可以通过以下四个步骤来实现。

第一步 获得前馈

前馈和反馈最大的区别在于：前馈是在事情还没有发生前的建议，是针对你未来行动的建议；而反馈是在行动已经结束后，针对已发生行动的意见。想要获得前馈，你需要打开自己的内心，对于他人的建议采取开放的态度，认真记录、好好思考，从中获取对你有价值的信息。前馈的来源可以非常多，你的朋友、同事、家人……他们未必都是领导力专家。这一步的关键是你能否用开放、包容、拓展的心态去面对这些前馈。

第二步 刻意练习

一个行为要成为习惯至少需要21天。持之以恒的刻意练习，可以让我们的大脑神经元产生新的连接，让新的习惯代替旧的习惯。我们之所以在觉醒之旅的每个章节后面都设计了21天的行动计划，也是基于这个原因。刻意练习需要我们不是心怀抗拒地"硬掰"，而是有意识地保持对自己心智模式的觉察，改变那些无效的心智，从而获得行动上的持续改进。这样的刻意练习再配合反馈，效果会更好。

第三步 寻求反馈

突破了本能防御层之后，我们面对自身的盲区有了更开放的态度，而通过寻求具体而建设性的反馈，我们能够获得如何提升的建议。因此，我们在寻求反馈的时候，要放下"防御"模式，认真倾听他人的意见，特别是一些刺耳的意见。我们还可以通过开放式的提问，让反馈意见可以更具体。当然我们也要对于这些反馈做出自己的思考和判断，分辨出哪些可以为我们所用，哪些我们可以先暂存一下。

第四步　自我反思

无论是前馈还是反馈，我们在接受意见的时候，或多或少地都会有些内心的想法产生。自我反思也是自我教练的一种方式，通过自我反思，我们可以把内心的想法做个梳理，来获得更好的提升效果。自我反思的重点，还是要看回我们的心智模式，在心智的层面上做转变和调整，这样的行为改变才能持久而不拧巴。

在获得心流体验和持续的练习、反馈、练习过程中，领导者最终能够和自己的原力相联结，并且在它的影响下，获得持续突破的原动力，从而让个人心智模式得到提升，情绪能量保持在积极的高位。

我相信每一个渴望成长的个体都是未来的"领导者"，我也期盼有越来越多的领导者的原力能够觉醒和成长。这样的原力领导者，拥有强大而稳定的内在状态，无论环境如何变化，都能以敏捷、创新的方式面对挑战，带领团队不断成功。

第二节　原力领导者的四个行为特质

> 今天的组织不仅需要所有从业者皆具有更高水平的知识和技能，还要求他们比以前更独立，更能依靠自己，更信任自己，更自主。
>
> ——纳撒尼尔·布兰登（Nathaniel Branden）

当代管理大师克里斯·阿吉里斯（Chris Argyris）一直在呼吁领导者应以更高的心智复杂度来理解世界与自我。这种心智复杂度要求领导者必须能退后一步，在检视自身框架的局限与缺失的基础上，不断进行迭代与升级，这也是领导原力觉醒之旅中需要领导者不断挑战和突破的地方。领导者在觉醒了领导原力之后，不断打造强大而稳定的内在状态，并且在这个内在状态的影响下，领导者可以及时地在与他人和环境的互动中提升、展现高效的领导行为——特别是能应对RUPT环境的领导行为。原力领导者一般会有四个行为方面的特质，我们把这些特质整合成一个模型——AIRS（空气）模型。就像我们生存的每一分每一秒都需要空气，原力也赋予了领导者更多面向未来发展的超级空气。

敏捷（Agility）

敏捷这个词是被很多管理者一直挂在嘴边的，敏捷意味着有极高的灵活性。在领导原力觉醒的旅程中，当我们打破了"本能防御层"和"敏感脆弱层"的盔甲后，我们会和"真实自我层"里的原力相遇。在原力的促动下，我们可以突破固定型心智模式的影响，摆脱对各种无效领导行为的惯性依赖；可以根据环境去管理情境，展现出有效的领导行为，实现与环境和他人的有效互动。要做到敏捷，需要有足够的灵活度和弹性，这就要求我们要不断地觉察自己的各种无效的心智模式，并且通过一系列的反思与实践，将无效的心智模式升级成有效的心智模式，通过这样的循环往复持续打造我们的敏捷性。

创新（Innovative）

创新需要不设限——不给自己的思维和能力设限。原力领导者拥有追求不断发展的成长型心智模式，他们有能力发现阻碍个人成长的舒适区，并且看到这些舒适区里面阻碍创新求变的信念。通过转化这些信念，排除了自己内在的干扰与对自己的局限。领导原力的觉醒让领导者内在的潜能、资源得到充分的发挥。

当内在的限制被看见和消除，创新就有了深层的动力与能量。当原力领导者释放了自己的潜能，就能更好地调动团队成员的内在动能，让团队成员放下自我设限，使团队的潜能也能得以释放。原力领导者会带领团队焕发出一种生机勃勃的能量，让创新成为日常工作的常态。

复原力（Resilience）

面对RUPT环境带来的压力，领导者的情绪难免会受到影响。对于原力领导者而言，我们已经有能力去包容和接受自身的脆弱性感受，同时具备了客观的自我认知和自我情绪调控的能力。这个时候，情绪对于领导者不再是不可琢磨、无法言表的，而是可以感知和自主调控的。一旦感觉自己有情绪，特别是负向情绪体验时，领导者也不会马上进入"防御"模式，而是可以更有效地去回应。这样的情绪复原能力是个人面对RUPT环境的重要支持。

原力领导者通过自身努力不断提高自己的情绪复原力的同时，情商也会由此获得不断提升，特别是"同理心"能力也会得到发展。"同理心"是RUPT环境下领导者带领团队时不可或缺的，它能让领导者更好地联结他人，这种深层次的联结，让人们可以在复杂多变的环境下，更好地"抱团取暖"，获得心灵层面的慰藉。当心与心的距离更近了，领导者会发现，每个人都充满无限潜能，等待着被激发。同样，领导者也能根据每个人不同的特质和内在需求，采取合适的方式与他们联结。这样的联结不仅在意义建构上有非常大的价值，也让领导者能够真正走进他人的内心去激发他人的潜能。

稳定（Stable）

在领导原力觉醒的旅程到达终点时，领导原力已经成为了领导者内在状态稳定的根基。但是需要注意的是，原力领导者的内在稳定状态不是一成不变的，而是一种随着环境的变化不断升级的动态稳定。这种稳定状态所蕴含的强大能量，可以影响那些在复杂多变的环境中茫然无措的人，让他们在与领导者互动的过程中能够被这样的稳定状态所折服和吸引，也可以让整个团队的能量得到提升。

过去我们的领导者在成长过程中要面对诸多的外部要求、各种各样的标准，同时也被安排了无数个学习与模仿的对象。按照标准复制的领导力发展方法，更容易让领导者成为一个"他人"，而忽视了真正的自己。这样，即便一个领导者有清晰的目标，仍会感到有心无力。因为真实的自己会在学习与模仿中逐渐迷失。只有领导者把自身视为主体，通过激发内在潜能，不断锻炼、升级自己内在的心智模式，激活自己的原力，他才能完成自己追求的那个目标。

　　原力领导者有了 AIRS，就有机会影响身边的人，进而能创建和推动一种人人追求内在心智成长的组织文化氛围。希望在未来的日子里，越来越多的原力领导者可以影响他人的原力觉醒，让领导原力的涟漪能不断地扩展到身边的人，扩展到整个团队，那将会是一件多美妙的事情。

第三节　团队原力

　　　　更好的我 + 更好的你 = 更好的我们。

　　　　　　　　　　　　　　　　　　　　——跳跃科技

　　原力领导者的最大特点就是：通过唤醒领导原力这个内在潜能，领导者可以不断打造成长型心智和快速复原情绪的能力，从而获得强大而稳定的内在状态，支持自身成长，并展现出适合环境的领导行为。同时，原力领导者还能凝聚他人的原力，汇聚广泛的集体智慧。

　　原力领导者之所以能凝聚他人、汇聚集体的智慧，是基于在不断升级心智模式后，领导者提升了自身领导行为的有效性；而有效的领导行为在打造正向积极的团队氛围、创造有归属感的团队文化、建立锐意进取的团队目标方面都有积极的影响。在成长型心智的影响下，原力领导者可以不断提

升自己，也可以影响和支持他人的自我提升。其中最显著的
就是对于团队成员的影响。

更好的你

　　就像成人发展理论专家、心理学家罗伯特·凯根在他的
最新著作《人人文化：锐意发展型组织DDO》中指出的：心智
成长是一种具体的、可描述的、可被觉察的现象。它是思维
模式的迭代，是更清晰和更深入地认知"自我与世界"这个
能力上的提升，是一个不断发展"看见信念假设"和不被信
念假设限定的能力。原力领导者的心智成长升级的结果，最
直接体现在他们与他人互动的行为上。稳定的内在状态和不
断升级的心智可以让原力领导者比以前更好地理解他人的情
绪感受，并且知道应该如何调节自己的行为，以达到良好的
沟通效果。

　　我的一个高管客户，在过去，他雷厉风行和强势的领导
风格为团队成员所敬重，但也被团队所畏惧。开会时，大家
通常都是以沉默来应对会议，生怕说错一句话就要挨批评。
当他的领导原力觉醒后，他能有意识地调节自己的领导风格。
只在必需的时候，他才展现那种雷厉风行的风格，例如要快
速做决策、要解决突发问题时。在更多的时间里，特别是和
团队沟通的时候，他会提醒自己要放下"我必须掌控一切"

的想法，通过开放式的问题，尽量让大家多表达。当然，他也会提出自己的意见，但是他不会用职权去强压任何人。

　　一段时间以后，团队的氛围发生了明显的变化，大家敢于积极地表达自己的观点了。以前让他头疼的团队当责力的问题，现在有了明显的改观。因为他意识到，团队当责力最大的阻碍，是他过去无效的领导行为。他的强势风格让团队成员不敢主动去承担，反而形成了"被动听指挥，出错就要挨批评"的思维定势。现在他调整了风格之后，团队的活力得到激发，大家的当责意愿得到了提升，慢慢地，整个团队的绩效也有了大幅的提升。他不再是一个高高在上的领导，而是像动力火车的车头，让每一节动力火车的车厢都有动能，让每一个团队成员都能发挥他们的潜能。

　　除了团队氛围更为积极、大家的当责力提升之外，这位高管又进一步倡导一种"成长型"文化，就是每个人都为个人的成长负责，也为彼此的成长贡献力量。他们在工作中建立了一套互相给予反馈的机制，不仅在团队成员之间有真诚的互相反馈，在上下级的层面也可以。这种利人利己的协作方式，让每个人都在向着更好的自己而不断努力着。

　　过去推崇的领导者，更像绿皮火车的车头，靠着自己的动能来带动整辆火车的奔跑。而原力觉醒之旅，让领导者回归原点，展现自己独特的领导特质和魅力。不是要成为"谁"，而是要做回"真实的自己"，做回一个在心智上不断成长、升级的"更好的自己",而这个"更好的自己"也会潜移默化地影响着身边的其他人。

我的脑海中常常有这样一个画面,在原力觉醒旅途中的每一个领导者,都像是一个在生火的人,温暖的火光照耀着他们自己也照亮了整个世界。当越来越多的人受这个火光的影响,不断地加入进来,那么更多"更好的你"和"更好的我",就汇聚成了更好的"我们"。

更好的我们

我们期盼着"更好的我们"带来对团队和组织的价值,但是更好的我们也需要走一些探索与发展的旅程。在我的企业教练项目中,除了一对一的管理者教练,也有很多是团队教练的项目。有趣的是,我遇到过很多团队,里面汇聚了各类高智商人才,但是当他们聚集到一起,却没能发挥一加一大于二的效应,反而出现了各种不良冲突,让团队的整体效能急剧下降。这种情况在快速发展的创业型团队中尤为明显。当团队遇到挑战,作为教练,我首先会在团队中找到领导者,协助这位领导者觉醒原力,成为原力领导者;同时,我也需要在团队身上下功夫,这样才能双管齐下。

作为团队教练,我要做的不是简单地让大家做一些团建活动——在挑战体能的时候,让大家能产生一点相互的凝聚力；或者是在工作结束后去撸几次串、喝几次酒，期盼大家能打开心扉，就此合作顺畅。现实中，虽然我也会用团建、聚餐等方式让团队成员在轻松愉悦的环境下能迅速地打开心扉，但是真正要让团队产生质的变化，这些是远远不够的。我要做的是帮助团队成员一起去探索阻碍这个团队在目标共识、内部协作、成长共赢等诸多方面的障碍到底是什么。很多的理论和实践都表明，这些障碍大都是在团队共同的心智模式层面产生的。

我的一个客户是在知识付费领域打拼的创业团队。平时工作中，大家关系非常融洽，但是在实现业绩目标时普遍缺乏"狼性"。团队成员相互沟通时，大家都小心翼翼，生怕伤害到彼此。经过我的团队教练，队员们意识到，这个团队里有几个普遍的固定型心智模式：

1.业绩是CEO的事情，我们把执行做好就行；

2.挑战他人的想法会破坏团队氛围；

3.在这个团队里学习比做业务更重要。

当大家意识到这些阻碍发展的固定型心智模式时，成长的机会就到来了。让我非常自豪的是，这个团队经过6个月的团队教练，团队状况发生了积极的改变。首先，团队中的每个人与CEO在业务目标上再次深度融合，没有人再把业务目标只看成是CEO的任务，而是清晰地知道自己和最终目标之间的关系以及自己的努力方向。其次，在团队会议中，能明显感受到一些"火药味"，这个"火药味"，不是情绪的宣泄带来的不良冲突，而是大家更敢于发表不同角度的观点和意见，同时接受意见的人也不会出现"防御"的反应行为。最后，团队成员都认可，业务与成长是同等重要的，没有业务发展，团队将不复存在，成长与学习的机会也就没有了。团队经过这样的转变，在当年就非常好地实现了既定的业务目标，同时团队成员个人也都在自身的心智模式层面发生了改变。

如果把团队看成是个有机体的话，我相信，有一种像领导原力一样的"团队原力"，而这个"团队原力"是团队中的每一个人觉醒了自己的领导原力后，共同创造出来的一个持续发展的核心能量。在这个能量的影响下，团队的文化、氛围、机制能支持每一个团队成员的成长，团队成员有足够的安全感去展现真实自我的脆弱性。这就像是铸就了一个"成长营"，在这个成长营里，人人都能努力觉醒他们的原力，并且通过相互的帮助，来促进彼此的成长，进而在现实的工作中实现这个"成长营"的价值。

本章小结

领导原力觉醒之旅是领导者心智成长的重要旅程，也是领导者自我探索的起点。

　　一路走来，我们突破内心的本能防御层和敏感脆弱层，让真实自我层的原力散发出它的无穷能量和璀璨光芒，就像绝地武士获得了原力的加持，可以所向披靡，无往不胜。领导原力带给领导者的AIRS特质，也能让领导者在RUPT的挑战环境下，坚韧不拔，勇往直前。

　　每个原力领导者就像一棵棵根系发达、树干粗壮、枝叶繁茂的大树，在狂风暴雨的洗礼下越发坚强。当一棵棵大树的根系连接在一起，就会形成一片茂密的森林，也构建了一个生态圈。在这个生态圈里，所有的动植物都能和谐共生，共同成长。我们也期盼在原力领导者的影响下，每个团队、组织都能建构这样的原力生态圈，并让心智成长成为这个生态圈的核心驱动力和加持力，最终让每一个人都最好地成为自己，也成为更好的自己。

参考文献

1. ［美］奥托·夏莫，《U 型理论》，邱昭良、王庆娟、陈秋佳译，杭州，浙江人民出版社，2013。

2. ［英］凯瑟琳·桑德勒，《高管教练》，徐卓译，北京，人民邮电出版社，2019。

3. ［英］约瑟夫·奥康纳、安德拉·拉格斯，《NLP 教练》，黄学焦、李康诚译，郑州，河南人民出版社，2009。

4. ［美］马修·麦凯、帕特里克·范宁，《自尊》，马伊莎译，北京，机械工业出版社，2018。

5. ［美］莉莎·费得曼·巴瑞特，《情绪》，周芳芳译，北京，中信出版集团，2019。

6. ［美］阿尔伯特·埃利斯，《理性情绪》，李巍、张丽译，北京，机械工业出版社，2014。

7. ［美］阿尔伯特·埃利斯，《控制焦虑》，李卫娟译，北京，机械工业出版社，2014。

8. ［美］阿尔伯特·埃利斯、阿瑟·兰格，《我的情绪为何总被他人左右》，张蕾芳译，北京，机械工业出版社，2015。

9. ［美］威廉·布瑞奇，《转变之书》，杨悦、王茜译，广州，南方出版社，2015。

10.［美］彼得·圣吉，《第五项修炼》，郭进隆译，上海，上海三联书店，2002。

后　记

　　我撰写本书的目的，是希望让更多的领导者能够看清楚自己，激发自己内在的潜能，成为更加卓越的领导者。如何能遵循我在一开始的定位，写一本实用的工具书，这其中的挑战也使得我曾经几度被卡住。然而随着本书内容的不断调整，我越发感知到，写作是如此宝贵的学习与成长历程，同样也是我自己原力觉醒的旅程。感恩借由此书的创作，让我能够重新审视自己的心智模式，升级自己的认知。在创作的过程中，我与一些读者有了更加深入的相互理解，并由此获得了巨大的思想火花和情感的深度共鸣。

　　探索自己、激发潜能的方法林林总总，我只呈现了自己的探索。由于视角的不同，以及我自身能力的局限，此书难免有偏颇或不足之处，也希望您能不吝指正。

　　本书的写作出版过程中，得到了很多人的支持，在此特别要感谢布克加BOOK+的王留全老师和其他编辑老师的大力支持、鼓励和陪伴。因为有他们的指导，让我这个写作小白能一路披荆斩棘，不断地突破写作路上的各种挑战，迭代自己，敏捷而高效地完成本书的创作。

此外还要感谢我的家人和朋友，为此书提供了支持和帮助。也正是因为有你们的爱和信任，我才能百折不挠，勇往前行。

最后要感谢你们——各位亲爱的读者，能幸运地与各位相遇、对话，是我莫大的荣幸。

感恩在迈向更好的自己的旅程里，我们能一同前行。